U0065222

心一堂術數古籍珍本叢刊

書名：批注地理四秘全書十二種（二）

系列：心一堂術數古籍珍本叢刊 第一輯 堪輿類 59

作者：【清】尹有本

主編、責任編輯：陳劍聰

心一堂術數古籍珍本叢刊編校小組：陳劍聰 素聞 梁松盛 鄒偉才 虛白盧主

出版：心一堂有限公司

通訊地址：香港九龍旺角彌敦道六一〇號荷李活商業中心十八樓〇五—〇六室

電郵：sunyatabook@gmail.com

網址：http://book.sunyata.cc

淘寶店地址：https://shop210782774.taobao.com

微店地址：https://weidian.com/s/1212826297

臉書：https://www.facebook.com/sunyatabook

讀者論壇：http://bbs.sunyata.cc/

深港讀者服務中心·中國深圳市羅湖區立新路六號羅湖商業大廈負一層〇〇八室

電話號碼：(852)67150840

網址：publish.sunyata.cc

版次：二零一五年五月初版

平裝：四冊不分售

定價：　港幣　　八百八十元正
　　　　人民幣　八百八十元正
　　　　新台幣　三千五百元正

國際書號：ISBN 978-988-8266-90-6

版權所有　翻印必究

心一堂微店二維碼

心一堂淘寶店二維碼

香港發行：香港聯合書刊物流有限公司

地址：香港新界大埔汀麗路36號中華商務印刷大廈3樓

電話號碼：(852)2150-2100

傳真號碼：(852)2407-3062

電郵：info@suplogistics.com.hk

台灣發行：秀威資訊科技股份有限公司

地址：台灣台北市內湖區瑞光路七十六巷六十五號一樓

電話號碼：+886-2-2796-3638

傳真號碼：+886-2-2796-1377

網絡書店：www.bodbooks.com.tw

台灣國家書店讀者服務中心：

地址：台灣台北市中山區松江路二〇九號一樓

電話號碼：+886-2-2518-0207

傳真號碼：+886-2-2518-0778

網絡書店：http://www.govbooks.com.tw

中國大陸發行　零售：深圳心一堂文化傳播有限公司

深圳地址：深圳市羅湖區立新路六號羅湖商業大廈負一層〇〇八室

電話號碼：(86)0755-82224934

地理辨正補義卷之四

杜陵蔣平階大鴻補傳

豫章尹一勺有本補義

天玉經

唐楊益筠松著

內傳上

江東一卦從來吉。八神四個一。江西一卦

排龍位。八神四個二。南北八神共一卦。端

辨正補義　　　　天王一

的應無差。

蔣云天玉傳內即青囊奧語挨星五行。元空大卦之理楊公妙用止有一法更無二門此乃反覆其詞以授曾公安者也江南江北、江東江西曾序已先下注腳矣但南北東西應有四卦而此云三卦者緣元空五行八卦排来止有三卦故也。江東一卦者卦起於西所謂江西

龍去望江東故曰江東也八神即八卦
之中。經四位而起父母故曰八神四個
者八神之中歷四位也一者此一卦只
管一卦之事不能無通他卦也江西一
卦者卦起於東反而言之即謂江東龍
去望江西亦可故曰江西也亦於八卦
之中。經四位而起父母故亦曰八神四
個二者此一卦無管二卦之事。而不能

全收三卦也、此如坎至巽、乃第四位、巽至兑、亦第四位、八卦之中各經四卦、故曰入神四個也、南北八神者、乃江北一卦、所謂江南龍來江北望也、不云四個者、此卦突然自起、不經位數、與東西兩卦不同也、八神共一卦者、此卦包含三卦、總該八神、又非八神四個二之比也、夫此東西南北三卦、有一卦、此得一卦

之用者。有一卦無得二卦之用者。有一
卦無得三卦之用者此謂元空大卦秘
密寶藏非真傳正授斷不能洞悉其妙
者也。

一勺子曰江東卦屬地卦八神王丙甲
庚辰戊丑未是也。如何云是江東以其
卦起於西如壬字在子之西反而名之
曰東此即元空大卦顛倒裝成挨星之

秘亦即江西龍去望江東之義四個者

地卦之四干屬陽四支屬陰也一者何

地卦四陰四陽皆為八卦迺子不與父

母同行單陰單陽故也　江西卦屬人

卦八神癸丁乙辛寅申巳亥是也如何

云是江西以其卦起於東如癸之一字

在子之東反而名之曰西亦即元空顛

倒裝成之秘四個者八卦之四干屬陰

四支屬陽也二者何、四陰四陽皆為八。

卦順子與父母同行、雙陰雙陽故也。

南北卦、屬天卦八神乾坤艮巽于午卯

酉是也南北者以子南午北也端的無

蓋以天卦八神力大元厚統攝人地兩

卦為用是八神四個三之意小異其文

耳。

三十四龍管三卦莫與時師話忽然知得

便通仙代代鼓駢闐

蔣云二十四龍本是八卦而八卦又分

為三卦此元空之秘必須口傳

一勺子曰二十四龍不作八卦不作四

卦乃作三卦此天寶秘笈也知得通仙

極口贊美有得此卷者嘔當函王發錦

以示珍重

天卦江東掌上尋知了值千金地畫八卦

細會天地東西
南北皆對待之名所謂
陰陽交
媾元空大卦之
妙用又云此節
方將山與水相
對一言略指一班
漏洩春光儼然
有挨星起法。

誰能會山與水相對。

蔣云、天地東西南北皆對待之名所謂
陰陽交媾元空大卦之妙用也此節方
將山與水相對一言略指一斑漏洩春
光矣非分天卦謂江東分山水相對於
地卦也若以離害志今別支離即同癈
人說夢矣。

一勺子曰、一山一水是地下之陰陽山

辛壬甫羡

天玉五

對水。水對山是地下之媾合必地下有
陰陽有媾合而後能招攝上天之氣反
蔭生人。夘皃若地下有陽差陰錯之咎
即天氣亦雲随風散飄而不圉何蔭之
有。

父母陰陽仔細尋前後相無定前後相無
兩路看分定兩邊安。

蔣云卦有卦之父母。爻有爻之父母皆

陰陽交媾之妙理此節前後指卦爻而

言、一卦之中為父母卦前卦後偏旁兩

路即為子息若不仔細審察恐於父母

之胎元不真而陰陽有差錯矣

一勺子曰、一卦三爻。三爻即分三用仔

細尋者教人隨地耴裁應用何爻乃真

有配偶契用何爻則失其配偶禍福反

掌吉凶如神用中爻為天卦用前爻為

細心參會

地卦用後爻為人卦前無是天無地後
無是天無人祇用之爻為地母對宮之
爻曰天父此父母二卦一定之位也顛
之倒之總以父母二爻為主兩路看山
上看來勝應下何卦何爻○木裡看卦住
應下何卦何爻兩邊安者地卦人卦也○
分定安謂或安地卦或安人卦俱從山
水生成總非人為勉強

卦內八卦不出位代代人尊貴向水流歸

一路行到處有聲名龍行出卦無官貴不

用勞心力只把天醫福德裝未解見榮光

揚云八卦之內有三卦在三卦之內則

為不出卦而吉三卦之外即為出卦而

凶向須卦內之向水須卦內之水二者

皆歸本卦則全美矣

一勺子曰卦內八卦者每卦八路也龍

辛壬甫義二天玉七

推廣不出位之
義亦精

蔣註倒排父母
即顛倒之義陰
陽爻媾皆倒排

某五村叢二

脉山水總在八路之內謂之不出卦出
入路之內謂之出卦總在一卦之內名

倒排父母薩龍位山向同添水十二陰陽

一路行出卦力雜故無官貴

一路挑總是卦中來

蔣云倒排父母即顛倒之義陰陽交媾
皆倒排之依山向與水神必倒挑以定
陰陽十二陰陽即倫二十四山之理言

之法尚與水神
必倒排以定陰陽
尹註既得用爻
倒排方得真生
陰得爻母妙在
昭又云陰龍位同
流水極言父母倒
換之法乃顛天卦江
東掌上尋節註
合看換星當有
會心

雖有二十四位陰陽總不脫八卦為父
母也。

一勺子曰、既得用父陰陽父母妙在倒
排方得真生旺蔭龍位同流水極言父
母倒換之法最貴之意十二陰陽者二
十四路一陰一陽配成十二也。
一陰一陽者二

對不同秘密在元空
關天關地定雌雄富貴此中逢翻天倒地

辛壬會

天至八

知天地關竅為
后雌雄交媾哥
定即挨星妙
義亦可定

蔣云、雌雄交媾之所乃天地之關竅知
其關竅而后交媾可定也江南龍江壯
望江西龍去望江東此為翻倒地天巳
詳奥語注中
一勺子曰雌雄媾合本有翻天倒地對
不同之妙然有同一山向同一交媾而
有富貴大小之不同此其翻倒寶有仙
凡之對不同者存焉即得元竅太卦之

細會蔣註、天
玉青囊既重
挨星生旺矣
接示需此節提
出三陽可知前
數篇均是指
示挨星妙法

秘者未易臻此

三陽水向盡源流富貴永無休三陽六秀

二神當立見入朝堂

蔣云、三陽者、丙午丁也天玉青囊既重

挨星生旺矣。而此節提出三陽別有深

意非筆舌所能道六秀者本卦之二爻、

故曰二神天玉以卦之父母為三吉以

卦之子息為六秀

辛壬會　　天王九

茅公神書

一勺子曰、老陰老陽、是四位少陰少陽

是四位。用其一則三者為三陽此蔣注

別有深意之秘。二神者、正神、零神也。六

秀者、一卦八路山上用一路、向上用一

路所餘六路謂之六秀蔣注丙午丁為

三陽火外有巽兩丁為三陽水。

水到玉街官便至神童狀元出。卯緩若然

居水口。至階近台輔鼙匕鼓角隨派水豔

艷紅㫁貴。

蔣云、鼓角紅旆皆以形象言。

一勺子曰此砂形也語句似玉尺。訣法

亦在玉尺。

上按三才並六建排定陰陽算下按玉輦

捍門流龍去要回頭。

蔣云三才即三吉六建即六秀此節上

二句論方位故須排定陰陽下二句論

辛壬甫義 ▨▨天玉十

此義當默識之

形勢王鈴捍門皆指去水須繩身毘抱
謂之曰回頭也、
一勺子曰三吉謂貪巨武也本卦謂貪
狼生氣對卦為武曲延年對卦瓞配為
巨門天醫本宮左右為輔為弼合成五
吉義見貪狼原是發来遲合輔而成五
吉龍寺句
六建分明號六龍名姓達天聰正山正向

純妙義　細看可智清

流支。上寡天遭刑杖。

蔣云、下二句緊接上二句、而言水之瓯

六建是矣然卦之山向在四隅卦中則

用本卦支神之六建在四正卦中、又當

用本卦干神之六建若卦取正山正向、

而水又流他卦之支上是陰差陽錯而

必有寡天刑杖之憂矣舉四正卦而

隅卦不辨自明矣此節以下專辨干支

是言山向雖得
生旺而為水法不
可使出卦

零正陰陽純雜毫釐千里之微

一勺子曰、六龍即易時乘六龍以御天
之龍也得御天之龍固宜富貴名顯御
天六龍者生龍旺龍死龍殺龍平龍囚
龍也亦屬卦內一宍之用正山是乘天
之山正向是御天之水派支上謂水出
卦也。

共路兩神為夫婦認取真神路仙人秘藏

真

己丙出卦故不

定陰陽。便是正龍岡。

蔣云、共路兩神即一千一支也。一千一

支皆可為夫婦。然有真夫婦有假夫婦

真夫婦為正龍假夫婦即非正龍美如

巽巳為真夫婦丙午亦真夫婦若巳丙

則不得為真夫婦美其他傚此。

一勺子曰、一千一支皆可為夫婦一六

同宮二七共處三八為朋四九作友。

庠巳甫美　天五十二

心一堂術數珍本古籍叢刊　堪輿類　二四

干一支。配成陰陽。如子乾乾子、午巽巽

午、酉坤坤酉、卯艮艮卯、一山一水乂相

為用為天元卦中之奧人地二卦仿此

此一訣也。如巽巳、丙午、為真夫婦此同

宮娶妻隔八生子之夫婦。以陰陽同行

為真。以陽差陰錯為假此又一訣。如巽

巳、巳癸艮寅寅艮乾亥、亥乾坤申申坤、

壬子子壬甲卯卯甲丙午午丙庚酉酉

庚俱是同宮真夫婦若癸丑、乙辰丁未
辛戌俱是假夫婦俱不同宮由於氣有
變雜然亦見有用之而發福者由乎天
造地設一毫不假人為在乎明師品配
取用得其真性情亦有妙用存焉所謂
貴通活法也吾輩讀書精理總宜打破
籬壁揮其營壘而卓然有徵毋為陳言
所誤

打破籬壁揮其
營壘即六經字
書讀之亦然况
地理書者隱秘也

陰陽二字看零正坐向須知病若遇正神

正位裝撥水入零堂零堂正向須知好認

取來山腦水上排龍點位裝積粟萬餘倉

蔣云、青囊天玉蓋以卦內生旺之位為

正神以出卦衰敗之位為零神故陰陽

交媾全在零正二字零正不明生旺必

有病矣若知其故而以正神裝在向上、

為生入而以零神裝在水上為剋入則

正神裝向為坐、
零神裝水為妙。
又當認取來山之
腦同在一卦收定
來脈坐旺之氣。

零堂正向豈不無収其効乎向水既妙

而來山之腦未必與坐向相合又當認

取來山果又與坐向同在一卦則來脈

蓋山有來山之腦水亦有來水之源水

又合非但一向之旺氣而已惟水亦然

龍即是山龍亦須節節拂去點位裝成

果能裝收零神則水之來脈與水之入

口同一氣山之坐向與山之來脈同一

洋城有美　天王十四

要言系顯

翔五祯事

氣斯零正二途無間雜而為大地無殺
矣。

一勺子曰、認取來山脈是山上卦之
秘、水上排龍點位裝是水裡下卦之秘
矣。

正神百步始成龍、水短便遭凶、零神不問
長和短、吉凶不同斷。

蒋云、此承上文而言、正神正裝向固吉
失然、其向中来氣須深遠悠長而居成

蔣傳正神零神俱
就山龍說以出至

一勺所言正神零神
俱就此龍說此即
貴通漢法才破雜
壁揮其墨勿

龍若然短淺則氣不聚難以致福至於
水則不然一遇正神雖一節二節其煞
立應矢其零神之長短又與正神有異
使零神而在水雖短亦吉若零神在水
向雖短亦凶是吉凶之零神在水向之
分而不係乎長短也
一勺子曰、水是正神之水得百步之長
而水龍成矢若水短則水雖匹神亦不

章三甫長
一天王十五

者陳言所謂之○

証○

挨星所以為重

莽工補蕘

成龍零神長短有吉有凶○蓋由於挨來

之星以○為主宰星吉、則凶水為○制伏星

凶、則吉水亦滅福故○云不同斷

父母排来到子息須去認生剋水上排龍○

點位○分兄弟更子孫○

蔣云、亦承上排龍而言卦之中氣為父

母卦之二爻為子息而本宮他卦之父

○為兄弟上二句言山上排龍下二句

改下之穴男不出
卦而尤貴得卦內
生旺之氣

言水上排龍山上排龍從父母排到子
息總是一卦則卦氣純美然須認其卦
之生旺若得卦之生氣則純乎吉若得
卦之剋氣則純乎凶美豈可謂其卦之
純一而後謂吉哉山上排龍來脉一路
大都只在一卦之內至於水上排龍則
不然水有一路来着有二路三路来者
故須照位今開而不能拘一卦之父母

辨正補事

只要旁來之水亦在父母一氣之卦謂
之兄弟兄弟卦內又有子孫雖非一父
母而總是一家骨肉來路雖多不害其
為吉也凶者反是。

一勺子曰天玉外傳云二十四山起八
宮三卦洩元空恩仇却是先天定宗支
分兩姓同宮異姓紛紛在一宅有內外
兩家父母生兒孫多寡不同論一家骨

肉有十四。一家十個是指出父母兄弟

子息恩仇、姻親同宗異姓各各不同一

宅有內外。是同宮之迷子迷子似不同

宗支而仇怨刀兵起矣。宗支分兩姓而

姻親玉帛陳焉。認生尅桃龍位須點位

分開實見得是兄弟是子息是仇怨是

姻親而姒用始得其法姒當一白之元。

一即為祖宗。以先天坤位為母以先天

辛壬甫戔

天玉十七

乾位為父。以後天壬子癸、丙午丁為男
女。又以中爻為父母。兩旁為子孫。以中
爻受氣多。又當值元之位也。如屬下之
卦。是先天子位。則乾與子為內交。巽與
午為外交。合子午乾巽。謂之四神綵卯
酉艮坤。謂之八貴。蓋卯酉為子午之本
宗。兄弟姊妹也。艮坤與乾巽。是子午之
巽姓。兄弟姊妹也。或子燕癸。癸在子後

為後焦為天無人卦合八貴與癸丁乙
帝并本卦之壬丙是名一家十四餘十
宮為一家十個但又有姻親有仇怨之
別辰戌丑未是仇敵之人以陰對陰支
對支雖屬一體而情不相聯雖為同群
而意常爭朦甲庚是疎遠契潤之人壬
丙是同居異心之子共生一爐而心性
形容都別各處一方而面目聲音不同

天王十八

以干兆支偶陽兆陰類耳乙辛二路與

同宮癸丁。又是一層兄弟一氣之義寅

申二宮與山向子午。有隔入相生之數。

俱屬瓜葛姻親巳亥二字有似行道之

人漠然其然既無親亦無怨也他卦倣

此。

二十四山分兩路認取五行主龍中交戰

水中裝便是正龍傷前面若無凶交破莫

斷為凶禍凶星看在何公頭仔細認蹤由

此一節專與卦之差錯者而言兩路者

陰陽生死也二十四山皆有兩路之中

非令分開二十四山歸兩路此兩路之

須認取五行之所至五行所至主貴在清

純若龍中取受之氣既不清純而吉凶

交戰矣倘能以水之清純者救之庶龍

氣遇水制伏而交戰之凶威可殺奈又

將龍中交戰之卦裝入水中則生氣之
雜出者、不能為福而死氣之雜出者、適
足為禍。正龍有不受其邊者乎然水之
差錯其力足以相勝吉多者吉勝凶凶
多者、凶勝吉入口雖然交戰而來水源
頭若無凶星變破則氣猶兩平雖不致
福未可遽斷為凶禍且凶星之應亦有
公位之分吉凶雙到之局只看某房受

看便於此房斷其有禍不受着者亦不
應也非如純凶不雜之水房受其殃
禍之比故其雖尤當仔細認云
一々子曰二十四山分兩路卻恩伏卻
是先天定宗支分兩姓之雛龍中交戰
謂出卦雜卦之龍凶交破謂出卦雜卦
之局看何公頭知是何房受災夫雜局
之能發禍余眼中所驗不勝纏舉凶星

看何公頭亦一定之法此看雜局秘訣

也。先定來山後定向聯珠不相放。須知細覓

五行從富貴結全龍

蔣云、此節單就山上龍神而言青襄天

玉原以來山所受之氣與向上所受之

氣分為兩局然兩局又非截然兩路故

云聯珠不相放此不可約略求之者也。

須實有証佐寶
有把柄方謂覓
出蹤跡。

法　顛倒寶珠

須當細頁蹤跡若是富貴悠爻之地必
然來山是此卦而向首亦是此卦一力
清純方得謂之全龍耳。
一勺子曰、先定來山是將來山之龍辨
其合元與否若不合元而局後勢美不
能割愛又看向上卦氣合運與否若向
上合元則收向上之氣作之舍首用趾
名曰晠珠盖覓向上五行蹤跡亦出富

來山水或坐水騎龍一氣
騎龍一氣清
純正裝倒裝
山水俱貴者
純故曰聯珠

貴全龍者來山向水或坐水騎龍一氣
清純定然有福無禍若不清純恐非金
龍而禍福參差耳
五行若然翻值向百子千孫旺陰陽配合
亦同論富貴此中尋
蔣云此節亦上二句言山上龍神下二
句言水裡龍神五行翻值向者五行之
旺氣值向也翻即翻天倒地之翻言出

極貴著眼是顛
倒寶珠流法

明氣纔從向生入也山管人丁故云百

子干孫旺而富貴亦在其中矣陰陽配

合水來酌合也亦與向上之氣同論但

用法有殊耳水管財祿故云富貴此中

蓋而子孫亦在其中矣

一勺子曰此即上文聯珠不相放之說

此局多是旺子孫發財帛若向之五行

果能媾合雌雄亦與山同論亦可於

章三補義 　　天玉廿二

此中尋大富貴。母輕謂其旺人財而止
也。

東西父母三般卦算值千金價。二十四路
出高官緋紫入長安。父母不是未為好無
官只富豪。

蔣云、此節發明用卦之理重卦體而輕
爻重父母而輕子息蓋同一生旺而力
量懸殊也言東西而南北在其中矣。青

襄天玉之秘只有三般卦訣若二十四
路不出三般卦之內。則貴顯何疑然卦
內文當問其是卦之父母否高官緋紫。
必是父母之氣源大流長。所以貴耳若
非父母而但乘父神子息之旺。則得氣
淺薄僅可豪富而已。
一勾子同父母不是。謂挾下之卦不是
父母玆子息或兄弟。如一白之元下免

教工神事

坤二卦之類。但是兑坤中爻力量尤重。

若承人地二卦則更輕矣。盖父母力大。

以左右有子息。護衛内氣清純不雜若

子息恐雜他氣所以力量懸殊也。

父母排來看左右向首分休咎雙山雙向

水。零神富貴永無貧若遇正神須敗絕五

行當分別隔向一神仲子當千萬細推詳。

蔣云、此亦承上文用卦須父母而言必

母挑來要挑來山之龍脈也來山屈曲
必不能盡屬父母焉看左右兩父子息
若何若子息清純不雜又須向首所受
之氣逢生旺則休逢衰敗則咎若雙山
神剋入相助則雙山雙向為水神所制
雙向卦氣錯雜須得水之外氣悉屬衰
伏而富貴可期矣萬一水路又屬正神
則生出剋出兩路皆空而敗絕不能免

辛正甫箋

天王廿四

水是零神方主
富貴悠久

矣。公位之說乃因洛書八卦震巽坎離

而定孟仲季三子之位隔向一神猶在

離卦之內。故云仲子。天玉略露一斑以

為分房取驗之矩矱言仲而孟季可類

推矣。

一勺子曰雙山雙向者。如壬亥、丑癸、山

向之類卦氣錯雜是也。水是零神則雜

卦亦主富貴悠久水力更重故也。

若行公位看順逆接得方奇特官位若来

見逆龍男女失其蹤。

蔣云、亦承上文仲子之說順則生旺逆則死絕然不云生死一神而緊言公位亦云順逆者若論山上龍神則以生氣為順死氣為逆若論水裡龍神則又以死氣為順生氣為逆故也。

一勺子曰山上之生氣即水裡之死氣。

辛□胃毫
天五廿五

水龍之生氣卽山龍之死氣、二者各有

零正各有順逆得其正者房房均發得

其零者男女夭瘓世之傳親暴骨臨人

不孝皆公位之說懷之也其貼患扶生

民豈淺鮮哉上文雙山雙向凶星看在

何公頭苐句但為雜卦言之耳若向首

一氣清純自應百子千孫俱福夫何禍

之有。

更看父母下三吉三般卦第一。

蔣云、通篇皆明父母三般卦理反覆詳

盡。終篇復申言之。若曰、千言萬語只有

此一事而已。無復他說也。盖致其丁寧

反覆之意云。

一勺子曰、三吉、即父母與子息然又有

先天之吉。又有後天之吉合先天後天

與本宮亦名三吉合先後二天與本宮。

之子息。共六位亦曰。六秀。

天玉內傳上終

天玉內傳下
終之二頁誤以
為上傳終一頁。
錯附於此。

天玉經

內傳中

二十四山起八宮。貪巨武輔雄。四邊盡是
逃亡穴。下後令人絕。

蔣云此節反言以見吉興起下文之意。
言一行所作小游年卦例以二十四山
起八宮而取貪巨武輔為四吉其說果
是則宜乎隨手下穴皆吉地矣何以四

天玉廿七

遶盡是逃亡穴下後令人反敗絕哉則

知卦倒不足信而別有真機如下文所

云也

一勺子曰、有一真義便有一假說以亂

之件件皆然固不但一貪巨武輔也

惟有挨星最為貴泄漏天机秘天机若然

安在內家活當富貴天機若然安在外家

活漸退敗五星配出九星名天下任橫行

蔣云緊接上文卦例既不可用惟有挨
星元空大五行乃為陰陽之最貴者天
機秘密不可流傳核世但可偶一泄漏
而已宓在内不出三般卦之内也安在
外出三般卦之外也出卦不出卦禍福
迥別安得不貴取夫挨星五行非如遊
年卦例但取四吉而已蓋八卦五行配
出九星上應斗枘知九星之作用便可

細看元運為主九星亦為以值元之星為高挨星可悟

橫行天下、無不響應矣卦例云乎哉

一勺子曰三般卦之挨星純以元運為

主九星亦以值元之星為吉天機安在內

安外謂山脉來水純是三般卦之內清

純不雜則吉一有間雜出卦之外即名

空位最凶此水龍安內安外之旨也若

山龍天機安在內主男貴安在外主女

貴水龍之訣微而顯山龍之訣顯而微

知其觚者。掌握造化矣。

干維乾艮巽坤壬陽順星辰輪支辰坎震

離兌癸陰卦逆行耶分定陰陽歸兩路順

遂推挑去知生知死亦知貪留取教兌孫

蔣云、此節分出元空大卦干支定位。以

足前篇父母子息之義。西維之卦以天

干為主者也。于維曰陽四正之卦以地

支為主者也。地支曰陰此陰陽非交媾

軍全補義　　天玉廿九

之陰陽也知卦之所主則父母子息不
問而自明矣其陰陽兩路每一卦中皆
有陰陽兩路可分非將八卦分為兩路
陰陽兩路分定之法非乾艮巽坤為陽
何者屬陰何者屬陽也其順逆推排即
順坎震離兌為陰逆若如此分輪則皆
順也何云逆乎至於四卦之末各綴一
字曰壬曰癸此又挨星秘中之秘豈可以

心傳而不可以顯言者也。

一勾于曰四卦之未各綴一字蔣云不

容顯言細閱之篇中巳顯言之美下文

第六節不云乎甲庚丙壬俱屬陽順推

五行詳乙辛丁癸俱屬陰逆推論五行。

艮巽陽綴一壬字則甲庚丙可知矣坎

震陰綴一癸字則乙辛丁可知矣然陽

支尚有寅申巳亥。陰支且有丑未戌辰。

辨正補義

舉當連彙及之者。

天地父母三般卦。時師未曾話。元空大卦

神仙說。本是此經訣。不識宗支但亂傳。開

口莫胡言。若還不信此經文。但覆古人墳

曰天地。曰東西。曰父母。曰元空。曰挨星。

名異而實同。若枝字義屑屑分疏。則支

離矣。此節讀恐學者得傳之後。以為太

易而輕忽之。故極言贊美。以鄭重其辭。

非別有他義也謬到覆古人墳是徵信

實養予得傳來洞徹元空之理今故注

此經文駁前人之謬直捷了當略無畏

縮皆取信於覆墳盜驗之已往券之將

來自信其一毫之無誤深許心契古人。

而可以告無罪於萬世也。

一勺子曰不識宗支開口妄言用以贈

天下之妄注青囊妄解天王者。註青囊

辛三有夷 天王卅一

解天玉誠非易易余於此注頗識宗支。

免於妄言誠哉自許以勢古人而不得

已耳。

分郤東西兩個卦會者傳天下學取仙人

經一宗切莫乱談空五行山下問来由入

首便知端睨

螩云此亦丁寧告戒之意而歸重於入

首蓋入首一節初年立應不可不慎。

一勹子曰入首是此卦山向亦是此卦

或為大卦之父母或為大卦之子息的

知與鬧俱有妙用不必謂子息稍遜而

強下父母致失天機秘妙也

分定子孫十二位災禍相連值千災萬禍

以人知尅者論宗支

蔣云、此節直紏時師悞認子孫之害蓋

子孫自卦中分出位位不同豈如俗師

干從支。支從干。二十四路止作十二位
論若如此論法、必致葬者、災禍相連值
夫既遭災禍、而俗師終不知所以災禍
之故胡猜亂猜或云干凶或云支凶總
非真消息也夫災禍之興乃龍氣受剋
所致而龍氣之受剋實不在干支蓋有
為干支之宗者焉所謂父母是也知其
宗之受剋則知干支亦隨之而受剋所

以不免災禍耳深言十二位分子孫之

說之謬如此。

一勺子曰、天玉諸卷剋字多作死字舘

不曰生死但曰生剋。

五行位中出一位仔細秘中記假若來龍

骨不真後此誤干人。

蔣云此節又詳言出卦不出卦之密旨

盖同一出位而有卦內卦外之不同若

在卦內則似出而非出若在卦外則真
出矣此中有秘當密密記之在卦內則
龍嘗真在卦外則龍骨不真矣
一勾子曰、五行位中出一位、知其用者
尚可收入若來龍骨不真局雖精俊亦
宜棄去斷不可用若勉強用之候人多
矣。

一個桃來于百個莫把星辰錯龍要合向

向合水水合三吉位合禄合馬合官星本

卦生旺叒合凶合吉合祥瑞何法能趨避

但看太歲是何神立地見分朋成敗定斷

何公位三合年中是

蔣云、一個排来變化不一。故有千百個

也龍向水相合前篇已盡緣馬官星在

本卦生旺則應不然不應此見生旺為

重而官星禄馬在所輕矣。

辛三甫義 天王廿四

一勺子曰、但看太歲是何神立地見分
明在一年則以太歲為主在一紙則以
令星為萬彀太歲則凶星可變為吉不
合令星則吉星亦變為凶祿馬官貴諸
神縱然太歲為禍福貪巨祿文諸星皆
由令星分吉凶也或曰、本文言太歲不
言令星蓋太歲即指當權秉令之星篇
內不明言其秘密深矣。

排星仔細看五行看自何卦生來山入卦

不知蹤八卦九星空順逆排來各不同天

卦在其中。

蔣云五行總在何卦中生不在于支中

定所謂父母子息也不知入卦蹤跡從

何而來則九星無處排矣蓋星卦之順

逆各有不同即此一卦入用或當順推

或當逆排有一定之氣而無一定之用

辛壬甫美

天玉卅五

挨氣以得活三動
者為上

麥三祈書

所謂天下諸書對不同也要而言之則

元空二字盡之矣。

一勺子曰天卦之中以空為至九星之

空以生為用氣是活活動的捉得氣往

方挨得星定應順應逆自有一定之用

也。

甲庚丙壬俱屬陽順推五行詳。乙辛丁癸

俱屬陰逆推論五行陽順陰逆不同途須

向此中求九星雙起雌雄異元關真妙處

蔣云、此略舉干神卦氣之倒陽四干則

順推八卦陰四干、則逆推八卦一順一

逆雖不同途而此中有一定之卦氣可

深求而得者至其每卦之中皆有一雌

一雄雙八起之法乃陰陽交媾元關妙

處也又不止一卦有一卦之用而已舉

八干而支神之法亦在其中矣。

天天下傳末節
尹誥引邱公海
角經挨星法
並當同此參
看

宅細會之當
知挨星起法
尹註云順逆之授
星相水二語如
受由天向首之起
義迴環妙訣如
耀蓋由天者觀

辨正補義

一勹子曰、合看曾序二十四山分順逆
節與語坤壬乙節二十四山分五行節挨星
天玉干維乾艮巽坤壬節并此節挨星
之大旨瞭然矣。一山雙用順逆之授受
由天向首之起星相水能知此竅山山
可以承天即山山珠寶、也不知此竅則
山山失運即山山火坑也秘訣不出文
字外當潛心深悟可也。

形局之合天心正
運興否以辨順
逆之後乃能相
觀水運之得生旺兼
業生出壽理得生旺補
不可以定挨星之起法鳳
義之書真正註火香默解
祝以讀之亦多精心體認
此語之則晦星妙訣認
以會之傳曉若非眞可掌
楊曾心傳曉若非眞可掌
示矣秘之傾之司也
洛庠宗乙星監樞
氏謹誌於書屋
之東窗下

東西二卦真奇異須知本向水本向本水
四神奇代代著緋衣　向水各一卦氣無收故
蔣云此節又重言　向上有兩神水上有兩神故
生旺之妙向上有兩神
曰四神、
一勺子曰一元龍力而四吉之山統收
四吉之水齊會可稱莫大之局然本向
本水四神之局亦不小。

庠正甫義

〈天玉卅七

水流出卦有何全。一代作官員。一折一代
為官祿。二折二代福。三折父母共長流。馬
上錦衣遊。馬上斬頭水出卦。一代為官罷。
直山直水去無翻。場務小宮班。
蔣云、水不出卦須折。折折任父母本宮若
折出本宮雖折出而後代不發矣。上馬斬
頭即一折父母便流出卦。如斬頭而去
也。本卦水、又以典折為賣乃許世代高

着眼。地理定
穴下卦起星本
出數者宜精
心會之。

官若止直流雖然本卦而官職卑矣。
一勺子曰、天地人三卦。一卦八位分管
廿四山向須要山是卦內之山水是卦
內之水認得處處合何卦處人不出何
卦乃下此一卦以收之又要認得處人、
不出卦只有那一處一爻出卦又用前
無後無之法以收之然既用無加以收
之間有出卦之處則斷定其家必有凶

辛壬前吳　天玉卅

禍以拱夾對冲三合之年之命以應之水流一折應一代為官二折應二代折愈多則代亦多總以不出卦為福以出卦為禍一折即出卦為名斬頭至二折三折出卦則為禍稍輕然為福終薄也水喜直來有曲總在本卦主正途科甲曲一折一代為官二折三折應二代三代至五六八九折則簪纓世代美水若橫

辛三開長

求不曲雖為官亦非正途主捐納功名

直山直水形家所忌以其似木直沖尖

山尖水亦忌以其似火尖利故惟取乎

方鼠平正

天玉中傳終

天玉經

內傳下

乾山乾向水流乾、乾峰出狀元、卯山卯向
迎源水驟富、石崇比午山午向午來堂大
將鎮邊疆坤山坤向水坤流富貴、永無休
蔣云、此明元空大卦、向水無收之法舉
四山以例其餘皆卦內之清純者也乾
宮卦內之水乾宮卦內之山作乾宮卦

內之向則龍向水二者俱歸生旺爰非

回龍顧祖之說也或云狀元或云大將

或云驟富亦錯舉以見意不可拘執

一勺子曰乾為天為首在八卦又為第

一大哉乾元周易班〃可考也局內得

乾氣之山乾卦之向乾卦之水乾卦之

峰其出狀元斷斷不移也此局或午脉

乾向乾脉午向艮水見甲峰起或甲水

見艮峰起通先後天尋納甲驗諸占壙

愿人不爽者又見子甲巽辛亦多發元

甲為天干之首子為地支之首巽為文

峰辛為文庫故也卯坤、壬巨富貴顯以

卯為日出之門先天在天市之地坤有

載物之義後天居巽順之宮也午主將

軍以火炎之性在先天稟離日之精在

後天稟乾金之體合日精乾金離火雷

威而成性非將軍之威武不足以當之

外此、有巽山巽向男尚宮主女作后妃

良水艮峰忠良特起仙聖来育子山子

水性情放縱儒雅風流酉龍酉山才品

俊偉文武兼優四品末詳宜補入之。

辨得陰陽兩路行五墨要分明泥鰍浪裡

跳龍門渤海便翻身。

蔣云、陰陽兩路上文優覓此重言以申

辛王甫義

天王四一

明之耳、下三句言變化之易、

一勺子曰、泥鰍浪裡便翻身渤海極言

乘時變化之神速也。

依得四神為第一官職無休息穴上八卦

要知情、穴內要裝清、

蔣云、前篇本向本水四神奇是姑置來

龍而但臺向水此節穴上入卦要知情。

又從穴上遯雜到來龍以補四神之不

及穴上是龍穴內即向也

要求富貴三般卦出卦家貧乏寅申巳亥

水來長五行向中藏辰戌丑未卯金龍動

得求不窮若還借庫還貧自庫樂長春

蔣云、前篇甲庚丙壬一節是四正之卦、

此節又補四隅之卦觀此則支水去來

凶之言當活看不可死看矣辰戌丑未

雖俗云四庫其實元空不重墓庫之說

此即天卦用天
卦。地卦用地卦。
人卦用人卦之
義。

借庫、出卦也。自庫不出卦也。是重在出
卦不出卦不重在墓庫也。
一勺子曰辰戌丑未是甲庚丙壬之庫
乙辛丁癸是寅申巳亥之庫乾坤艮巽（是元）（是地元）
是子午卯酉之庫借庫、是不歸其位謂
之借庫以其出本卦故應富還貧。
大都星起何方是五行長生晤大佈相對
起高岡職位在學堂捍門官國華表起山

木亦同例水秀峰竞出大官四位一般看

蒋云此節言水上辰星即山上星長只

要得生旺之氣在山在水一同論也

坎離水火中天過龍堆移帝座寶蓋鳳閣

四維朝寶殿登龍樓竪刼弟煞休犯着四

墓多銷鑠金枝　玉葉四孟裝金箱玉印藏

蒋曰坎離水火一句乃一章之所重其

餘星宿總是得生旺則加之美名逢兇

絕則稱為惡曜，名非有定，星隨氣變者
也。

一句，子曰：坐是零神之氣，却是隣宫雜
來之氣，弔是三方虛拱之氣，三者俱謂
之煞，俱不可犯。俗因四墓句，指作辰戌
丑未四金煞者，誤也。蔣氏得生旺条句，
將三代以下地書吉神惡曜剏名立姓，
一總評盡。

帝釋一神定縣府紫微同、八武倒排父母、

養龍神富貴萬餘春。

蔣云帝釋丙也八武壬也紫微亥也帝

釋神之最尊故以縣府名之其實陰陽

二宅得此貴之極矣然其妙用在乎倒

排非正用也。

一勾子曰王侯山向天下縣府不知凡

幾即南北二京宮殿亦然本屬貴格而

天玉四四

地理一道總貴相
地因晦不假一毫
人為。

挨工補義

板守三般卦者以地元龍狹小之且孔
墓是戌孫墓是辰四庫正天帝之派在
果得真局賣葬大馬特難為不知局者
道耳
識得父母三般卦便是真神路北斗七星
去打刦離宮要相合
蔣云上二句引起下文之義言識得三
卦父母已是真神路矣猶須曉得北斗

惟離宮相合則能
打刼要看相合宗

七星打刼之法則三般卦之精髓方得
而最上一乘之作用也北斗云何知離
宮之相合即知北斗之義矣
一勻子曰北斗者天上北斗主司元氣
化育萬物者也故斗柄指東天下皆春
斗柄指西天下皆秋一生一殺萬事萬
物皆随斗柄為轉移打刼者刼取其氣
也惟離宮相合則能打刼矣不相合則

細看打刼之法

俱是先天後

天之妙義

辨正補事

不能打刼也如上元一白司令二黑即

弱然二黑尚屬上元而下元之七赤亦

旺三碧司令而下元之八白九紫均旺

故二黑七赤與一白離宮也相合也而

二黑一七可刼一七可刼一白離宮也

二可刼一七可刼一美八白九紫與三

碧離宮也相合也而八可刼三九可刼

三美是蓋一元而收兩元龍力之用尤

屬秘中之妙妙中之秘最上一乘之作

用也砒一訣也又曰上元一白司金全

近乎丑右隣乎亥陰陽二宅壬亥癸丑

在上元而發丁財貴顯在下元而發丁

壽科名者何可滕數蓋天地生成有雜

局舍之、局儁造化工誠足惋惜用之、則

氣雜龍力壞大應力輕奧語云、在人仔

細辨天心者人當細細講求如交媾是

雜發脈是雜水到是雜砂應是雜不得

辛壬會局

天王四六

着眼劫取真
元字

蓋亦是打劫
之法

劫工補義

不遷就雜扞以合造化生成一定不移

之妙也是亦一元而收兩元龍力之用

此又一打劫之訣離宮相合之訣也必

盡此二訣而打劫之義既得而此道之

秘亦盡矣若夫作用之善全在人力用

浮沉吞吐之法一收一放劫取真元是

又在高人意會而未可以顯言者也

了午卯酉四龍岡作祖人財旺水長百里

水亦不宜出卦

佐君玉水短便遭傷

蔣云、取子午卯酉以其父母氣旺也言

四正、則四維可以倒推矣水短遭傷以

其出卦之故

一勺子曰、龍脉水氣俱喜長遠帝穴龍

神五百里若然百里作王公

識得陰陽兩路行富貴達京城不識陰陽

兩路行萬丈火坑深

辛三角長　天五四七

細會收陽放
陰順受逆攝
顛倒用法當
在元運求之

堯曰神業

蔣云即顛倒之意皆上文厥旨盡詠
歎之

一勺子曰陰是一路陽是一路本是截
然兩路若真識得此兩路於扞穴之時
收入陽一路放出陰一路
或波攝其情顛之倒之神化無方美斯
道也呼吸之間與鬼神合
前無龍神前無向聯珠莫相放後箄與龍神

後兼向排定陰陽算明得零神與正神指

日入青雲不識零神與正神代代絕陰根

蔣云龍神向首皆有無前讓後之法兼

贅父母兼子息子息燕父母此即零神

正神之義

一勾子曰零正無排總在陰陽兩路

倒排父母是算龍子息還天瞰順排父母

到子息代代人財退

倒寶珠法。

倒排法。即是顛

玄工補義

蔣云、父母子息皆須倒排而不用順排
如旺氣在坎癸倒排、則不用坎癸而得
真生旺順排則真用坎癸而反得煞氣
矣似是而非差之千里元空大卦千言
萬語惟在於此

一龍宮中水便行子息受艱辛四三二一
龍遊去四子均榮貴龍行位遠主離鄉四
位發經商

蔣云、此節又申言本卦水須、拆拆相顧
若一折之後、便出本卦雖然得發必受
艱辛矣若三節逆去皆在本卦乃諸子
窮癸也位遠即出卦一出卦、即主離鄉
若出卦之後又逐歸本卦反主為商得
財而歸其應驗之不藥如此
時師不識挨星學只作天心摸東邊財繫
引歸西北到南方推老龍終日卧山中何

辛云角美 天正四九

大德受大地小。

嘗不易逢。止是自家眼不的，亂把山岡覔

蔣云、東邊財穀二句，託喻即江南龍來

江北望之義。元空妙訣也嘆息世人不

知直傳胡行亂走，吉哉言乎。

世人不知天機秘洩破有何益，泛今傳得

地中仙元空妙難書。翻天倒地更元元大

卦不易傳更有收山出煞法，亦熟為淺說

相逢大地能幾人，個個是知心若還求地

德用小地千古
不易。

業此道者宜

宜輕泄扦穴
德雖重聰亦不
時記之世有學

不種德口深藏舌

篇終、叙述授受之意深、戒曾公安之善

寶之也結語歸重於種德今之得傳者

不慎擇人輕泄浪示恐難得吉地不能

實受其福矣而泄天寶為重違先師之

戒其不干造物之怒而自取禍咎者幾

希矣。

一勺子曰蔣注挨星多是山運收山水

辛三有義 〔天王五十〕

邱公有海角經

辨正補註

運收水之說此篇結尾於大卦不易傳
之下、即云更有收山出煞訣亦無為法
說玩更有亦無四字語意可知收山出
煞是不止兩運收放之法明矣况此九
星挨法即邱公海角經亦不過目但將
向中裝本卦便知流水吉和凶亦以九
星挨流水不以九星挨山峰海角又云
要知此法由來處坐地番來面向天此

以七星挨山峰不以挨水也會覽之而
楊曾之心傳可見矣蓋水裡有水裡之
五行山上有山上之五行用法不同曾
序不上山不下水巳先下注脚即青囊
中篇歸重天星亦是此意尖山水是天
地間兩大神器也山之低處是水水之
高處是山五岳四瀆並膺封祀故百川
會海流水之吉凶既以九星之運行定

更有收出
煞法是言
山上挨星
與水裏挨星
吾自不同。

挨五補義

之矣萬山宗岳高山之出雲降雨障川
迴瀾詎得日謾無禍福乎。更有收山出
煞法豈欺我哉豈欺我哉。

天王內傳終

地理辨正補義卷之五

雲間蔣中陽子補傳

笋峰山人尹一勺子補義

都天寶照經

唐楊益筠松著

上篇

楊公妙應不多言。實實作家傳。人生禍福由天定。賢達能安命。貧賤安墳富貴興全

都天一

心一堂術數珍本古籍叢刊　堪輿類　一〇四

常直祖文

龍結穴龍雛

發

局窄往仩易

若是砂曲星辰正收得賜神定斷然一葬

憑龍穴真龍在山中不出掛在大山間

便興隆父發子傳業

蔣氏曰、專論深山出脈老龍翰氣生嫩

枝之穴

一勺子曰、龍在山中不出掛在大山

間一掛字有破空而下之勢有得窠而

棲之意有旁磚而踞之狀即愚四秋全

書第一圖首篇一線之脉如絲如帶之

意也

好龍脫劫出平洋百十里來長離祖離宗

星辰出此是真龍骨前途節節出兒孫文

武脉中分直見大溪方住手諸山皆不走

個個圓頭向穴前城郭要周完水口亂石

堆水中此地出豪雄若得遠來龍脫劫發

福無休歇穴見陽神三擺朝此地出官僚

不關三男并五子富貴房房起津湖溪澗
同此看衣祿榮華艶大水六河齊到處千
里来龍佳水口羅星鎖佳門似大將屯軍
落頭定有一星形非火土即金正脉落平
三五里見水方能止二水相交不用砂兒
要石如麻更看峽石高山鎖密密来包裹
此是軍州大地形細談真君聽
蔣氏曰此一節專言大幹傳纜行龍盡

結之。穴謂之脫劫龍又名出陽龍雖云

城郭要周完總之城郭都在龍身上見

不必枕穴上見蓋龍到脫劫出洋雖眾

山擁衛而行前數節羣支羅張羽儀簇

簇至於幾經脫出之后近身數節將結

穴時龍之踪跡愈變而龍之機勢愈疾

此非左右二砂環能幾及往往龍只顯

行鑾之大將四馬單刀所向無前一時

辛巳消長一 都天三

偏裸小校都追從不及所以有不用碌

之說也高山不甚重水獨此等龍穴以

水為證者何與山剛水柔水隨山之行

以為行山不隨水之止以為止而云直

見大溪方住者非謂山脉遇水而止也

正因山脉行時水不得不與之俱行則

山脉息時水不得不與之俱息故幹龍

大畫之地自然兩水交環有似乎于里

來龍遇水而止也既云不用砂又云窠
密包裹者何也夫結穴之處雖不取必
核兩砂齊抱要之真龍憩息之際定不
孤行外纏夾輔隱隱相從水口星辰有
時出見大為硤石小為羅星近在數里
遠之二三十里皆不可拘前所謂砂揩
本身龍虎而言後所謂鎖指外護捍門
而言也只要石如麻則不止謂水口而

辛壬甬晨 一人 節天田

穴五補事

已正言本身結穴之地盖幹龍剝換數
十節其渡水崩洪穿田過峽不止一處
若非石骨龍行何以見真龍結體令人
平地墩阜憒認來龍揖為大地巳坐此
弊凡去山數里即有高阜或由人功或
出天造既無真脉相連又不見石骨稜
起總不謂之龍穴疢以落平之龍重起
星辰必要石如麻也有石脉乃為真龍

真龍、石脈石穴。
是言出洋畫結
龍穴。
近祖支龍蜿蜒
而不都結水木
出洋幹結踴躍
而起都作火土金

有石穴乃為真穴山龍五星皆結穴。其
落頭一星獨取火土金者大約近祖支
龍蜿蜒而下者都結水木出洋幹結踴躍
而起都作火土金雖不畫揭而其大體
有如是者前章一葬便興與父葬子榮是
言山中支結龍耀而局窄往往易發此
章言發無休歇。五子房房起是言出洋
大畫龍老而局寬往往遲發而久長意

都天五

在言表也。

姜氏曰、前章言山谷、初撥之局、此言出

洋盡結之穴山龍之法雖不盡於此而

大略已備於此矣。

一勺子曰、支龍緊、小龍擇局窄取效

速出洋大畫盡龍老局寬取効極

家不易定論個個回頭向穴前向穴即

是城郭梅云於龍上見不必於穴上見

著眼

是論平洋龍
法

切勿誤會當細看似大將坐軍句及羅

星碎石密密包裹石如麻竟也

天下軍州總住空何曾撐着後頭龍只向

水神朝處取莫說後無主立穴動靜中間

求須看龍到頭

蔣氏曰此節以下皆發明平洋龍格與

山龍無涉矣楊公唐末人唐之言軍州

猶今之言郡縣也蓋以軍州為證見城

宋王伋巽一〇鄭天六

認真體會

邑鄉村人家墓宅凡落平洋並不論後
龍來脈但取水神朝繞便為真龍憩息
之鄉夫地靜物也水動物也水之所止
即是地脈所鍾一動一靜之間陰陽交
媾雌雄牝牡化育萬物之源所謂元竅
相通即丹家元關一竅也此便是龍之
到頭州舍陰陽交會之所而別尋龍之
到頭也藏得此竅則知平洋真訣而楊

高山喜實
平洋喜高空
皆陽陰相
亦之義

公寶賦之秘旨盡矣看龍到頭有口訣。
一句子曰、一山上篩地之上入枝天陰。
交陽也一河下陷天之下入枝地陽交
陰也高山之龍四旁空多宜取平實故
後面與左右遠包揀平洋之龍四旁實
多宜用夫空故後面與左右喜低界盖
平洋一片若無空界則陽不交陰為死
土矣山龍高出照纏護則陰不交陽為

透極妙論

土静以低界為動而龍
到高山脉動以抱護為静而龍到一動

死此實故平洋

一静反為其根而陰交陽合之境所謂

龍到頭之訣開眼即觀矣

楊公妙訣無多說因見黄公心性批全憑

掌上起星辰類聚裝成為妙訣大山嗅作

破軍星五星所聚脉難分但看出身一路

脉到頭要分水土金又從分水脉卷處便

辛氏補義

都天八

把羅經照出路頭節節同行過峽真前去必
定有好處子字出脈子字尋真教若錯丑
與壬若是略差與陰錯勸君不必費心尋
蔣氏曰自此章以下皆楊公平洋秘訣
字字血脈而又字字隱謎非真得口傳
天機鈐訣者末許執語言文字方寸羅
經而妄談二十四山八卦九星之理也
苟得口傳心受則愚夫稚子皆可悟楊

疊奇新義

公心訣不得口傳心受縱智過千夫讀

破萬卷何能道隻字耶此書乃楊公當

日裝成寧訣傳與黃居士妙應者大山

喚作破軍星言水法渙散迷茫之處五

星混雜出脉未見分明縣名之曰破軍

而不入龍格只取龍神一路出身之脉

其脉又分水土金三星合貪巨武為吉

而餘星皆所不取此三星者乃形局之

星非卦爻方位之貪巨武也學者切勿

誤認自分水脈春以下乃屬方位理氣

矣故云便把羅經照出路也蓋看得水

神龍脈既合三吉尾格其地似可取裁

乃將指南辦其方位以定卦之合不合

也合卦則用之不合卦仍未可用也節

節同行卦無偏雜乃許其為過脈真而

知前去定有好穴不然則行龍先見駁

剝正補軸

雜到頭何處剪裁子字以下乃真揖看

龍訣法而單坎卦為倒若出脈是子字

須行龍只在子字宮乃為清純如偏

又犯一卦也如偏於右而壬與亥雜是

於左而癸與丑雜是子癸一卦而丑字

壬子一卦而亥字又犯一卦也此為卦

中之陽差陰錯非全美之龍故云不必

贅心尋也

一勺子即、又從分水脈脊處便把羅經

照出路是教人下羅經子字出脈子字

尋是示人用羅經明白簡易句句真機

字字珠玉將云坎卦為例是解莫教差

錯丑與壬句也若橫斜倒遂脈來則必

如下文子癸午丁三節并翻動四十八

法以為致用之元机而秘娛夫白校天

下萬世夫此注之有補扵此道詎淺鮮

辛三甫長 都天十

哉、

子癸午丁天元宮、卯乙酉辛一路同若有

山水一同到半究乾坤艮巽宮取得輔星

成五吉山中有此是真龍、

蔣氏曰、此承上節、羅經即照過峽詳言為

位理氣即天玉元空大卦之作用也其

法分子午卯酉為天元宮寅申巳亥為

人元宮辰戌丑未為地元宮隱然天元

之妙理引而不發使學者得訣方悟其

敢**安**泄天秘犯造物之所忌哉此水四

仲之支為天元宮者非此四支皆屬天

元乃謂此四支之中有天元者存也而

其本文又不正言子午卯酉乙辛丁癸

必錯舉以子癸午丁卯乙酉辛此其立

言之法已備出脈審峽定卦分星之密

直觀一路同三字同中微異須加剖別

都天十一

辨正補義

巳在言外下文乃全露其機云此八宮

同到半穴乾坤艮巽宮矣一同到非謂

此八宮一同到也亦非謂八宮之山與

八宮之水一同到也謂此四支中任舉

一支與此四干中一干比局同到即雜

乾坤艮巽之氣矣蓋子午酉卯是四正

之龍而與八干同到即有一半四隅之

龍不可不辨辨之不清則欲取天元而

善後長策

平洋以水為
山

非純乎天元矣末二句輔星五吉揩天
元宮翼清者言盡蓋天元龍雖色諸卦而
九星只有三吉恐曰久然泄太盡末補
衰微故須無汲輔彌宮龍神含氣入穴
以成元然後一元而無兩元龍力餘
遠不替矣故目之曰真龍極其贊美之
辭也此齣言山者皆揩水蓋平洋以水
為山水中有山矣輔彌星是九星左輔

此偽訣也

右彌也蓋有三例一則九宮卦例以、一

白配貪狼二黑配巨門三碧配祿存四

綠配文曲五黃配廉貞六白配武曲七

赤配破軍八白配左輔九紫配右弼此

天玉經元空大卦之定理也一則八卦

卦例將輔弼二星并一宮分配八卦製

蓋掌訣二十四山系竹納甲之丁五起

貪狼為立向消水之用陽宅、天醫福德

貪狼木
巨門土　武曲金
細心看

亦同此訣竅以之彰往察來皆無明驗

蓋即天王兩辨二十四山起入宮一行

所造者也。二說真僞判然不可誤認。五

吉即三吉蓋形昂九星以木金土三星。

為貪巨武三吉而輔弼為八穴收氣之

所方倣九星亦有三吉雖以貪狼純龍

而每宮自有三吉不專取巨武此即天

元無輔為五吉中有隱語非筆墨所敢

筆三輔義　一　都天十三

畫既云五吉則分輔弼作兩星以配九
宮其派入宮之訣明矣若在人地兩元
別有筭法見諸下文此節以下皆舉干
支卦位復帶隱謎若從實推詳不露說
夢非楊公言外之真吉矣
一勺子曰子午卯酉為天元帶癸丁乙
辛是天燕人之局一路同以山水氣脉
不雜地元也一同到若無論此四支中

或山嶺或水路一支獨帶干來或兩支

露帶干來不拘拘於四也半穴半字義

最精密巳備入用下卦無用獨用之妙

子帶癸午帶丁邪帶乙酉帶亦來則下

乾坤艮巽無巳亥寅申之局是半穴乾

坤艮巽而滙全乎乾坤艮巽也或子壬

午丙邪用酉庚則下乾坤艮巽無辰戌

丑未之局亦是半穴而非全下之意氏

都天寶義

都天十四

葬工神事

寶照經文俱當活看慎勿執定板格宛

守句下也因翻開此節以盡造化之變

錄入於左

子癸午丁夫元宮卯乙酉辛一路同若

有山水一同到牛穴乾坤艮巽宮取得

輔星成五吉山中有此是真龍　天卦四龍

子壬午丙天元宮邪甲酉庚一路同若

有山水一同到牛穴乾坤艮巽中取得

華氏補義 一　郭天十五

輔星成五吉水中有此是真龍　天罡地

乾亥巽巳天元龍坤申艮寅一路同若

有山水一同到半穴子午卯酉宮取得

輔星成五吉水中有此是真龍宮　天龍人

乾戌巽辰天元宮坤未艮丑一路同若

有山水一同到半穴子午卯酉中取得

輔星成五吉水中有此是真龍　天龍地

癸子丁午人元宮乙卯辛酉一路同若

趙正祕書　一

有山水一同到半穴寅申巳亥宮取得

貪狼成五吉泉中有此是貪龍四人戀天局

壬子丙午地元宮甲卯庚酉一路同若

有山水一同到半穴辰戌丑未中取得

貪狼成三吉水中有此是貪龍四世局戀天

亥乾巳巽人元龍申坤寅艮一路同若

有山水一同到半穴乙辛丁癸中取得

貪狼成五吉山中有此是貪龍四人戀天

戌乾辰巽地元龍未坤丑艮一路同若

有山水一同到半穴甲庚丙壬中取得

貪狼成三吉山中有此足真龍地髓天

以上三十二局正法水龍下穴無逾於

此都天微意亦最貴重若天元廣大并

包復能無收左輔有弼以補救末祚真

微既甚分別者人地二氣以陰陽不同

行且卦氣不相合為仇家在地卦尚以

重看水居
零神句
著眼

零正神事

獨用爲實不可無天況枚人卦乎但即
前於山龍發福墳宅每多地人無用水
居零神兩元龍力俱大顯榮發達者不
可枚煇盖天造地設生成有雜局不得
不雜扞以盡山川之力以施爲道之妙
古仙何令通云平陽一氣盖卦氣清純
之盲也山谷異氣正卦氣混雜之訣也
玩巳丙宜向天門亥壬向得巽風亥壬

巳丙宜向
天門亥壬向
向向得巽
龍與祖格巳
風亥壬竅
丙旺相一般同
等句是經
文中語前
二語見此篇
第七節後
二語見中篇
内

徬龍與祖格巳丙旺相一般同等句卽明

明有雜用之處也因又斷出一十六局又曰一局

共成四十八局以癸此道之秘云又曰

此下卦之四十八局也而挨星之顛倒

順逆一個排來干百個均由是以立之

體矣

亥壬巳丙人元龍寅甲申庚一路同若

有山水一同到半穴乙辛丁癸宮卽得

辛壬甫羨　都天十七

雜氣合地力。山中有此非假龍。四人驢地

壬亥丙巳地元龍甲寅庚申一路同若

有山水一同到半穴辰戌丑未中取得

輔弼兩元言山間有此雙下龍四驢人

乙辰辛戌人元宮癸丑丁未一路同若

有山水一同到半穴寅申巳亥中取得

雜卦合地力山中有此假福龍四人驢地

戌辛辰乙地元宮丑癸未丁一路同若

有山水一同到半穴甲庚丙壬中取得

卦雜成地力山中有此雙收龍地驗人

以上十六局犬有分別如乙辰辛戌四

局其力量同於正局有福無禍其氣不

雜餘十二局要看得的實方可取用發

福悠久若還瞳子不的寧可守正不可

混用致貽莫大之咎也慎之秘之然而

吉凶同域憂喜聚門生我之門即死我

之戶天地之道禍福衙伏非老氏之私

言也吾見下生龍而得死氣扞旺墳而

受衰運葬天下皆然故雜卦之禍尚淺而

而誤受之殃更酷也甚哉此道之奧須

口傳矣

辰戌丑未地元龍坤乾艮巽夫婦宗甫庚

壬丙為正向　脈取貪狼護正龍

蔣氏曰此取四季之支為地元龍義亦

謂此四支中有地元龍者存也此四支
原在乾坤艮巽卦內故曰夫婦宗此元
氣局遍臨不能無他元為五吉止取貪
狼一星貪脉入穴護衛正龍根本則卦
氣未值其根不搖卦氣巳過源長流遠
斯為作家妙用貪狼卽在甲庚丙壬之
中故但於此取已向乘正脉與天人兩
元廣收五吉者有殊不言輔星輔弼巳

都天十六

在其中、故也。楊公著書憂是論錯膠之中

金針玉線一絲不漏蓋如此

一勺子曰、正向正字是地元單用之訣

故首二句不錯舉而分言之其實亦一

路來一同到者貪狼是三吉中之一吉

也。河圖一二三數為上元三吉四五六

數為中元三吉七八九數為下元三吉

取輔星是廣收傍卦為左輔右弼取貪

取貪狼之氣
卜地元卦穴即
记此精理妙
義

狼、是用側爻而収値元中炎之氣如此

颜脈取貪狼、是立乘庚而庚之山向而

氣取子午卯酉酉之氣入穴也

寅申巳亥八元來乙辛丁癸水来催更亟

貪狼成五吉寅坤申艮御門開巳丙宜向

天門上亥壬向得巽風吹

蔣氏曰此四孟之支亦屬四隅卦此四

卦中有人元龍者存也天元之後即應

都天二十

接人元楊公囙三才三正之序頗倒錯

烈亦隱秘其天機使人不易測識耳此

元龍格亦必與貪狼兩後先榮後凋若

不無貪狼慮其發遲而驟歇矣用乙辛

丁癸水催之者謂此四水中有貪狼也

此官廣大黨容故旁及坤艮亦所不礙

故曰御門開若是巳丙壬亥相熊則犯

陰陽差錯之龍矣法宜去而就巳去重

亥。以清乾巽之氣此則卓爾為人元辨

卦而高處處處欲要歸一路盖一路者當

時直達之机熟取者先時補救之道不

直達則取勝鈍選鋒不補救則善後鈍

長箭二者不可偏廢也總御三節文義

子午卯酉配乙辛丁癸辰戌丑未配乾

坤艮巽為夫婦同宗而寅申巳亥獨不

配甲庚丙壬為夫婦則其本意不以甲

辨正補註一

庚壬丙屬寅申巳亥可知矣此正合天
玉大五行作用而非十二支配十二干
為一路之俗說也故不曰寅申坤艮而
寅坤申艮非以寅為坤以申為艮也巳
屬癸而反曰天門亥屬乾而反曰巽風
顛倒裝成其託意微而且幻類知此至
其立言本旨不過隱然說出陰陽交互
之象然篇中皆錯舉名目且不肯分明至

細看默記是

隨元轉移

後節主客東西方露出端倪而終不顯

言先賢之愼愼如此使我有浪泄天機

之懼矣。

一勾子曰天門乾亥。地戶癸巳也巳而

宜向天門是亥向收亥氣放壬氣亥壬

向得巽風是巳向收巳氣放丙氣也然

此以中元乾巽兩催言之若當上元法

宜放亥收壬得坎風吹為一定之訣此

辛丁祁事

取勝有選鋒之作用也統味上三節玄

義如璇璣如圓圭諸秘皆具眾美畢備

或一字一義或一句數義綱舉目張一

絲不漏故知非楊公不能著此非得楊

公心傳亦不能辦此也即余翻動一節

正未盡此二節之妙欲再就此二節翻

動勢必以辭害意因缺之以俟智者

貪狼原是發來犀坐向穴中人未知立宅

安墳過，兩紀方生貴子，好男兜

蒋氏曰、貪狼諸卦之統領得氣先而施
力。遠何云殺遲，此言人地兩元無以之
脈不當正卦傍他涵蓋故力不專是以
遲也。兩紀約略之辭，生貴子正見誕青
賢者以昌世業隱念悠久之義非若他
宮一卦乘時催官瞀發之比若夫應之
遲速是不一旒鳥可執此為典要也。

龍穴乘運卽發速。

一句子曰此承上兩節言地人二卦受

氣偏而得力薄雖取貪狼護穴護龍然

氣非正受發或稍遲不及正卦受氣厚

而致力專之當正運而卽發也然過兩

紀生貴子或是發在正運廿年之后為

效雖遲為力亦久矣夫發之遲速係扵

龍穴而不在卦爻盖正卦亦有遲發舊

偏爻亦多速發梅

山龍重朝山水
龍結穴不重朝
山重

立宅安墳要合龍不須擾對好奇峰主人
有禮客尊賓客在西兮主住東。
蔣氏曰、山龍真結必對尊星而後出脉。
或廻龍顧祖或枝幹相朝先有主峰乃
始結穴故必以朝山為重非重朝山正
重本身出脉真偽也平洋既無來落但
以水城論結穴水自水山自山雖有奇
峰並非一家骨肉向之無益故只從立

辛三甲庚　都天世洲

穴處消詳堂局牧五吉之氣謂之合龍

而不以朝山為正案也末二句乃一篇

之大旨精微元泑之譚所謂主客又不

止枚論向而指龍為主人向為賓客也

主客猶夫婦也實指陰陽之對待山水

之交媾一剛一柔一牝一牡元躭相通

皆在此此言有此主便有此客有此客

便有此主主客雖云二物實二氣連貫

自天下軍州至
此統論平洋法

如影随形如谷答響交結根源。一息不
離。非謂旣有此主乃更求賓以對之
此求西東盖舉一方而言亦可云主在西
分客在東。亦可云主在南。客在
在北。分客在南。八卦四隅無不皆然所
謂陰陽顚倒顚也。自天下軍州至此統
論平洋龍法。其中卦位干支秘訣総不
出此二向。故水結尾發之。以包舉通篇

牟尼寶義 一 都天廿五

堪輿補義

之義者亦常潛心而曲體之者也。

一勺子曰、山龍專論山以山之高低大
小為骨肉。一家水龍專論水以水之深
淺明塘為骨肉。一家不須擬對好奇峰。
是水龍依水之法主人有禮者山水合
法陰龍翕受夫陽也客是貴者謂龍收
斂神功入我宅兆為我用此夫光陰為
頁代過客山川是萬古主人河岳不改。

日月常新可悟主客也、即陰陽二宅亦

必先陰而後陽、以陰為主矣。

姜氏曰、寶照發明平洋龍格開章首揭

天下軍州總坐空、何須撐著後頭龍大

聲疾呼朗吟高鳴與為楊公撰著書盲

通篇眼目振綱挈領之處不可泛泛讀

過蓋平洋龍格畢世罕以滋然者只因

俗師謬將山龍混入無後剖辨觸處

成迷也。平洋之作法既迷。并山龍之真

格亦謬失其一。并害其二矣。楊公苦心

喝此二語。驚人千古大夢。使知平洋二

宅不論坐後来脉凡坐空之處反有真

龍坐寶之處反無真龍與山龍之胎息

孕育截然相反欲學者從此一關打得

透澈更不將剝換過峽高低起伏馬跡

蛛絲草蛇灰線等字纏繞胸中只在峰

陽火炎會處怕出真機而居八卦九星

千支方位次第而陳絲絲入扣平龍消

息始興星漏之虞平龍既無星漏而山

龍亦更無星漏矣倘不明此義只將後

龍來脉膠葛糾纏則造化真精何從窺

見雖授之以八卦九星之奧亦無所施

矣窮年皓首空自茫茫高山平洋覩歸

魔境我扵是嘆楊公度人心切也後篇

羊刃蒲羲

都天廿七

易曉

提網挈領令人

覆癈二語重言以申明之意深切矣

又云此篇前十二句為一章言深山支

龍之穴中三十四句為一章言幹龍脫

殺出洋之穴此二章皆偏山龍後四十

六句分七節為一章言平洋水龍之穴

上篇終

都天寶照

中篇

天下軍州総往空何曽撐着後頭龍時人

不識元機訣道後頭以撐龍大凡軍州

住空龍便與平洋莫㦤同州縣人家住空

龍平軍萬馬恐龍容分明見者猶疑慮龍

不空時非江龍教君看取州縣場盡是空

龍活擺跺岦娥遠来無後龍龍若空時氣

辛三角戈

都天出八

不窣兩水界龍連生窟穴得水分何畏風

但看古來卿相地平洋一穴滕干峰

蔣氏曰、天下軍州二語、前篇已經喚醒、

楊公之意、又恐人見不真信不篤故反

覆咏嘆層層洗發窮追到底骜其所以

然之故猶恐螿說軍州大勢尚聱人家

墓宅或有不然故指實而言軍州如是

墓宅亦無不如是只勸世人揀擇空龍

切勿取實龍作撐也所以然者何山山
而僻來翻結實則陣破而出露且裝肉
龍只論脈來平洋只論氣到空則水活
眼但見莽莽平田臺嶺應掭嫩為坐下
風吹氣散之地不知水神界把陽氣冲
和平洋之穴無水則四面皆風有水則
八風螟息所謂氣乘風則散界水則止
古人之言正為平洋而發也

都天廿九

着眼是不合元運

窮五補義

一勺子曰、龍空氣不空无為全經傾囊
之論呼、有坐空躔煞眷又酉宜避之
子午邪酉四山龍坐對乾坤艮巽宜寳依
八卦陰陽耶陰陽差錯敗、無寜百二十家
渺無訣以訣元機六相宗來龍須要望龍
宊後若空時必有功帝座帝車並帝位帝
宣帝殷後當空萬代侯王皆禁斷予今隱
出在江東陰陽若然得遇此、蚯蚓逢之便

蔣氏曰、此明八卦之理。即前子午卯酉、
偶坎、離震兌四卦乾坤艮巽。又四卦之
義也。所謂坐對非指山向盖四正卦頭、
四隅卦兩兩相對故云然也。八卦陰陽
者指八卦五行以乾卦領震坎艮三男。
而屬陽以坤卦領巽離兌三女而屬陰。
此先天之體非後天之用以之論陰陽

則差錯而敗不勝言矣談陰陽者百二

十家皆此是彼非渺無真訣惟有元空

大卦乃陰陽五行大祖宗聖聖相傳非

人勿示也識得此訣雖帝王大地瞞若

指掌特禁秘而不敢言耳楊公自言既

得至道不敢炫耀扶世故披褐懷玉抱

道經言然天寶雖秘惜而救世之心未

嘗以憫曾序天玉經江東一卦諸舊廬

可見元運旺
氣生氣之
当收

出其甚也之好陰陽者有緣曾過信而
行之頃刻之間有魚龍變化之徵也或
云楊公得道之後韜光晦跡背其鄉井
隱校汪東侯考。
二夕子曰百二十家澌無訣此訣元機
大祖宗惟得此一訣則百二十家謂之
無訣可也謂此訣為祖宗可也。
子午卯酉四山龍支兼干出最豪雄乙辛

天卦乩乩以勝人

地二卦

丁癸單行脉半吉之時又半凶坐向乾坤

艮巽依集輔而成五吉龍

蔣氏曰此皆楊公隱謀舉四正為例若

行龍在子午卯酉四支長流不雜雖無

帶乎位總不出本卦之內其脉清純故

云最貴若乙辛丁癸雖屬單行未

兔必偏即犯他卦所以吉凶參半也言

子午卯酉而乾坤艮巽不外是參言乙

着眼細看

總以元運為書

辛丁癸而甲庚丙壬不外是炁辨龍既

清乃於諸卦位中隨便立向則又以方

員為規矩而未嘗執一者也

一勺子曰子午如酉無牛出則豪雄而

乾坤艮巽無爻出可知矣盖言天元之

卦氣力博大人地兩卦未免偏側半吉

是得本元正龍之氣半凶半吉者有

失元之處

此訣是真
訣時師不知
其妙誤用
坡必

辰戌丑未四山坡、甲庚丙壬葬墳多若依
此理無差誤清貴聲名天下無為官自有
起身路路好兒孫白屋出登科八卦不是真妙
訣時師休把口中歌敗絕只因用卦差何
晃依卦出高岡辰山陽水皆真吉下後兒
孫禍百端水若朝來須得水黃貪遶秀妙
峰纏著龍著依圖訣葬官職榮華立可觀
特氏曰、此指四隅龍脈而言而舉辰戌

丑未為隱謎也。謂此等行龍而取甲庚

壬丙向者甚衆。必須龍法純全向法合

吉毫無差謬而後清貴之名卓於天下

也。起身路正指來龍之路八卦本是真

訣而誤用則禍福顛倒故云非妙訣後

章八卦只有一卦通乃始微露消息矣。

収水之法向云陰用陽朝陽用陰應乃

卦理至當不易之言而竟有陰山陽水

義正補義

陽山陰水而反見災禍者則辨之不真

陽非陽而陰非陰也得水二字世人開

口混說然非果識天機秘旨收入元竅

之中雖三陽六建齊會明堂虎抱龍迴

涓滴不漏總未可謂之得若知得水真

訣即陰陽八卦之理示諸斯乎莫貪遠

秀好峰即上篇已發之義致其丁寧之

意云爾

歸重三卦見天

地人三卦為元

空大卦之綱領

不明八卦陰陽

顛倒此義

三元生旺耳

一勺子曰節節歸重三般卦得一卦即

以一卦為用此理最難明差百祥立致此理

一錯千災為殃得水以是審脈以是下

穴以是用卦以是即交媾陰陽亦無不

以是三卦者為元空大卦之綱領條

且千百都具此道自蔣氏剖露以來今

日有知其說而誤用者下後兒孫禍百

端皆由不明八卦陰陽之顛倒耳

辛巳甫義

都天曲四一

此說山法

元機妙訣有因由向指山峰細細求起造
安墳依此訣能發禔禄出公侯真向支山
來祖脉干神下穴永無憂寅申巳亥騎龍
走乙辛丁癸水交流若有此山并此水白
屋科名發不休昔日孫鍾扞此穴從此聲
名表萬秋
惰氏曰通篇皆言平洋此章乃挿入山
峰着何也盖八卦九星乃陰陽之大總

水龍遇山可以不

論山而山龍遇水

斷不可不論水鋆

山水相兼之地其

必兼論山法水法

者更可知矣。

持故凡有山之水可以不論山而有水

之山不能不論水若遇山水相兼之地

未可但從山龍而論還須細細尋求亦

必合此元空大卦之訣而居墓宅產公

侯也祖脈必要支山蓋從四正而論下

穴立向則不拘于支矣此祖脈乃元空

之祖脈非山龍之來脈也讀者切勿錯

認寅申巳亥乙辛丁癸俱屬陽犯差錯

之龍故曰騎龍走水交流文有殊義無

別此水此山而科名不歇者不犯差錯

故也孫鍾墓在富陽天子崗本山龍而

收富春江長流之水故引為記

一勺子曰一干一支三般卦分配為用

真高支山下穴玄神能尋祖脈則無憂

矣寅申巳亥騎龍走以不犯辰戌丑未

為土乙辛丁癸水交流尖不犯甲庚壬

丙為高此毛運千里之別禍福反掌不
可不辨矣翻雜卦十六局乃窮形極態
以盡山川變化之妙耳學者慎之
來龍須看坐正穴後若空時必有功州縣
官衙為格局必然清顯立威雄范鑑蕭何
韓信祖乙辛丁癸足財豐亥壬葵箕龍顗祖
格巳丙旺相一般同寅申巳亥爭五吉乙
辛丁癸四位通紫緋晝錦何榮顯三牲五

都天卅六

辨正補義

畢受王封龍回朝祖元字水科名榜眼及
神童後空已見前篇訣穴要窩鉗乳到宮
水朝為上格羅城擁衛穴居中依圖取向
試看州衙及臺閣那個靠着後來龍砂揖
無差誤不是王侯即相公
蔣氏曰、後空之真篇中屢見而在此章
又反覆不已盖後空不但無來脉而
已并童坐下有水乃謂之活龍擺撥而

成真空有氣也故首向、云坐正穴、實揹
穴後有水、取為正坐也、古賢舊蹟往往
如此遍地鉗所謂杜甫盧仝李白祖此
又別范蠡蕭何韓信總合此格下列諸
牛支言不論是何卦位、只要合得五吉、
奴歸坐後癸稫如許願故下文卽接回
龍朝祖元字水、乃明指出前朝曲水抱
向穴後乃回龍顧祖之格也、神童黃甲

辛王補義 ◎ 都天卅七

穴後必頂水抱也
後謂之到宮而
成窩鉗之形而
鉗形生穴後
着眼水成窩
者水能界氣
也當取三元
生旺氣。

必可券矣篇中又自言後空之訣已見
前篇然恐後人誤認以耶後龍锯來脉
便云有氣不知穴後必須水抱成窩鉗
之形而後謂之到宮若但云空耳非坐
水之空仰貴焉砂捐水朝羅城擁衛
皆就水城而論穴正居中揷坐穴也此
斷直說出王侯將相大地局法非泛論
也。

一句子曰亥壬舊龍巳丙旺相是或作

乙辰辛戌丁東癸丑之局矣看紫緋王

封榜眼神童則雜局亦不賊只要認得

真用得寶自然應驗亦真此真正道學

之足貴也。

天機妙訣本不同八卦只有一卦通乾坤

艮巽驅何位乙辛丁癸落何宮甲庚丙壬

來何地星辰流轉要相逢莫把天罡稱妙

辛三角辰

都天卅八

天心正運之

一卦即卦陰陽
交媾之處正
改謂天光之下
土廣之上平
鋪之臺中其五
之紫陰其者
凹隱者此一點
峻光為明是地

訣錯將八卦作先宗乾坤艮巽出官貴乙
辛丁與田庄位甲庚丙壬最為榮下後兜
孫出神童未審何山消此水合得天心造
化工

蔣氏曰一部寶照不下數千言皆半含
半吐至此忽然漏洩蓋陰陽大卦不過
八卦之理而備中乃云八卦不是真妙
訣為為正為不得真傳不明用卦之法故

心正運者沙
合三元生旺
運被乘得
三元生旺氣
最頂也宜
精心會之。

也兩所以不明用卦之法卷皆因泛言

八卦而不知八卦之冲止有一卦可用

故也大五行秘訣不過能用此一卦即

後此一卦流轉九星便知乾坤艮巽諸

卦落在何宮二十四山干支落在何宮

或言或凶指掌瞭然矣俗師不得此訣

妄立五行有從四墓上起天罡以為放

水出煞之用如何合得八卦之理夫收

辛壬會義

都天卅九

得山來乃出得煞去不知一卦作用山

既能使收一卦不收諸卦于支又何從

流轉九星求純兼駁而消水出煞乎今

人但知二十四山處處可出官貴處處

可旺田庄處處可出神童而不知二十

四位水路交馳果下何卦收何山乃消

得此水出得煞去夫既不能收山出煞

則其談八卦論干支皆妄言妄說而已

何必契合天心而造化在手乎天心即

天運非善人合天之家不能遇也夫吾

所謂一卦即指天心正運之一卦也篇

中露此二字其間元妙难以名言楊公

雖指出天心一卦之端而其下卦起星

之訣究竟未嘗顯言則天機秘密須待

口傳不敢筆之於書也

姜氏曰篇中入卦干支縱橫錯舉原非

辛壬甫義 一 都天四十

寶義綱玩此節何位何宮何地尋向即

知經文皆屬活句非死句也我師於前

篇註中切戒學者毋得執定方位意在

此爾凡讀楊公書者當知此意非獨寶

照而已。天王青囊無不皆然。

一勺子曰卦有八卦只用一卦一卦三

爻又用三爻止用一爻爻分廿四路又

止用八路來脈明堂來水朝山合得某

零陰是衰死星旺陽生　神囚榭
細心默會即知
迎生拒死之法扞
穴有妙訣。

八路即用某一爻或合某八路又無有
其一二路則用其爻鈎某爻謂之真得
龍真得水真出煞若不分零正不知重
輕不明來去不辨生死美惡反下吉地
變凶空位來多正位來少拒退生龍迎
入死龍厭謂錯將卦作先崇雖星辰流
轉終為無益
五星一訣非真術城門一訣最為良識得

〔卻天四一〕

五星城門訣立宅安墳定吉昌堪笑庸愚

多慕此姿將卦倒定陰陽不向龍身觀出

脈又從砂水斷災祥鈐松實與真秘訣父

子雖親不肯說若人得遇是前緣天下橫

行陸地仙

蔣氏曰前章既言一卦下穴收山出煞

之義此章又直指城門一訣楊公此論

真可謂披肝露膽矣蓋五星之用其要

訣総在城門識得城門而后五星有用
於山二宅無不興隆者夫城門一訣與
龍身出脈正是一家骨肉精神貫通能
識城門乃能觀出脈能觀出脈便能識
城門故笑世人不識此秘而妄談卦例
從砂水上亂説災祥也此以下皆楊公
鑪精抉髓之言得此便是陸地神仙父
子不傳夫亦師傅之禁戒如是豈敢違

哉。

一勺子曰、八卦各有氣運各有門戶各
有煇奧各有陰陽各有交媾城門即所
謂門戶通正氣之出入也有自庫借庫
之異見於陳希夷闔闢水法并黃石公
三字青囊一卦有一卦之城門四正四
隅各有四父母子息前無後無則有八
世人只愛周迴好不知水亂山顛倒時師

俚云講八卦却把陰陽分兩下陰山受用

陽水朝陰水只用陽山收俗夫不識天機

妙。自把山龍錯顛倒胡行亂作害世人福

未到時禍先到。

蔣氏曰道德不云㸔常無欲以觀其妙

常有欲以觀其竅此正所謂元闗一竅

大道無多只爭那當㸔故曰不離這個

人身有此一竅天地亦有此一竅地理

着意細看

些子合得
天機即天
心正一○
一卦一默運之○
一光一活現於
予處現於些○

牽

家須識此陰陽之竅令人只愛週迴好。
而不知那些子合得天機週迴不
好亦不好些子不合天机周迴雖好皆無
用矣陰山陽山陰水陽水皆現成名色。
處處是死的惟有那些子是活的些子
一變陰不是陰陽不是陽陰可作陽陽
可作陰故曰、識得五行顛倒顛便是大
羅仙世人不諳天機誤將山龍來脉拏

此子活的即爻
媾中五得天心
正運之一卦所
竅

合平洋理氣執定板格陰陽反成差錯
乃真顛倒也本欲造福反以賈禍楊公
亦謂惻然於中而有是書也
一勺子曰此子活的即爻媾中五得天
心正運之一卦所臨惟此一卦來交之
地陰即是陰陽即是陽陽即是陽此些子一失則陽
非陽而陰非陰矣矣天地人三般卦二十
四路處處是死的總隨這二些為轉變

辛三甫鐫　都天四四

陰陽相交在山
水配合上看出
是有把柄

陰陽若無陰定不成陰若無陽定不生陽水

陰山相配合兒孫天府早登名

蔣氏曰此節與下節尤為全經頤襄倒

傻之言而泛泛讀過則不覺其妙盖舉

平洋龍法穴法收山出煞八卦干支之

理一以貫之矣孤陽不生獨陰不成此

雖通論而大五行秘訣只此便了學者

須在山水配合上着眼所謂配合自然

配合非尋一個陽以配陰尋一個陰以

配陽也水即是陽山即是陰陰即是山

陽即是水故只云陽水陰山而不更言

陰水陽山知此者可與讀寶照經矣知

此者亦不必更觀寶照經矣

一勺子曰山是地下積陰之氣㕙成故

云陰山水是天上元陽之氣㕙生故云

陽水夫積陰之氣必依元陽之氣一噓

奕○○○○章

而始能化生萬物、元陽之氣必附積陰

之氣一吸而始可孕育萬靈曰陽水曰

陰山各就本體立論也。

都天大卦總陰陽觀水觀山有主張能知

山情與水意配合方可論陰陽

蔣氏曰、憑接上文都天大卦豈有他哉

總不過陰陽而已真陰真陽只在山水

上看而散水觀山須胸中別自有主張

此主張非泛泛主張乃乾坤真消息所
謂天心是也山情水意四字全經之竅
妙今人孰不曰山水有情意而不知世
人所謂情意非真情意也識此情意則
晃陰陽便成配合青囊萬卷盡在箇中
於戲至矣。
一勺子曰觀水觀山有主張只是識山
之情與何水有嬌合水之意與何山有

辛主蒲夊一
柳天四六

陰陽以陰陽為主張以陰陽之媾合為

主張都天大卦是天之真消息山情水

意是地之真消息合之、為乾坤之真消

息是為全經之秘是為全經之用是為

全經之主張

都天大卦無人得逢山踏路尋龍脈前頭

走到五里山遇着賓主相交接欲求實實

顛顛來記取餙松真妙訣

山情水意竇主
相交是地支真
把柄更能合得
元辰坐照方為
真陰陽交媾

蔣氏曰、上文說到山情水意都天大卦
之理盡矣山巔又替嘆而言此都天寶
照不輕傳世若有人能得以此觀山玩
水一到山情水意竇主相交之處開櫺
公訣生扦之頃剝之間造化在手盖一
片熱腸深望人之信後而發此嘆也
一勺子曰余嘗近涉三吳遠歷 京都
泰山黃河恆低長江足跡半天下間遇

庠正甫箋

交媾陰陽即此
和活的得天心正
和活的得天心正
運之一卦改臨者

略識大卦者頗多認得賓主相交者絕
必其講大卦不徒交媾陰陽賓主立論
乃別創名目號為旺氣誑人酒肉銀錢
高其聲價不惟無學正惟無恥
天有三奇地六儀天有九星地九宮十二
地支天干十干屬陽兮支屬陰時師專論
這般卦誤盡閻浮世上人陰陽動靜如明
得配合生生妙處尋

縂參會

蔣氏曰前篇贊嘆已足終篇又引奇門
以比論者蓋奇門主地後雒書來與地
理大卦同出一原帝時師用錯所以不
驗惟陰大五行是奇門真訣欲知此訣
以在陰陽一動一靜之間求其配合生
生之妙則在在有一陰陽非干是陽而
支是陰如此板格而已蓋動靜即是山
情水意即是城門一訣即是收山出

認清

用一卦法、所謂龍到頭者此也、所謂龍
身出脈着此也、所謂龍空氣不空者此
也、是名真賓全是名真夫婦是名真雌
雄、終篇又提出此二字、與上篇重動靜中
間求一語、首尾相應楊公之旨抑亦微
之顯矣夫、
一勺子曰、動者方可論配合不動者雖
有配合所謂死死用何生生之有

姜氏曰中篇二十三節共一百四十六句皆申明上篇第三章以下未盡之義以終平洋龍穴之變

中篇終

葬書翼義　　　　節友四九

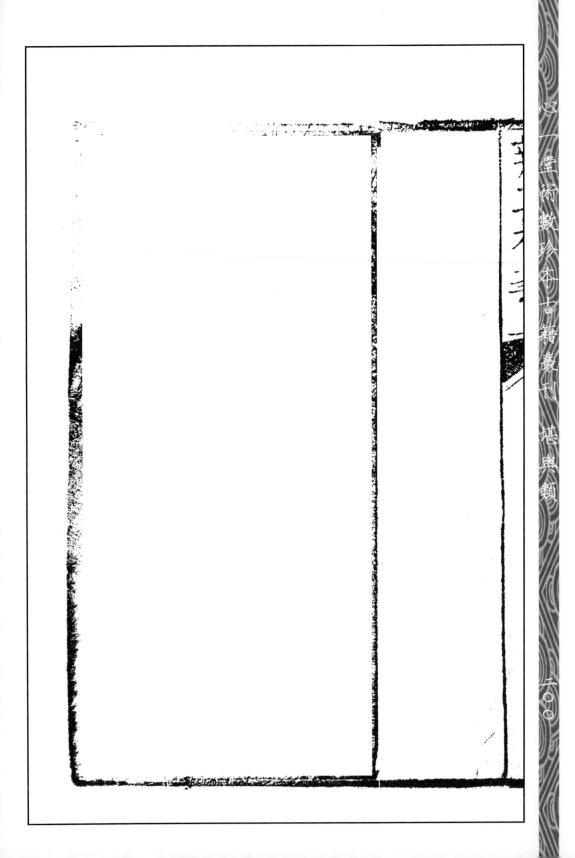

下篇

蔣氏曰、上中二篇應叙山龍平洋正變之旨、始至終有本有末文雖斷續義則相蒙下篇不過前篇餘義而錯襍言之、無有條貫每章各論一事文無承接義無照應淺者極淺深者極深學者、分別觀之可也。

尋得真龍龍虎飛水城屈曲抱身歸前朝

旗鼓馬相應下後離鄉著紫衣

蔣氏曰此節專指山龍而言真龍之穴

龍虎分飛非其病也真龍行急龍虎相

隨亦急急則兩砂之末乘勢逆回有砂

分飛昔人指為曜氣正真龍靈氣發露

之象也然情既向外則人事亦應之主

子孫他方發達謂之離鄉砂也

着眼總體認

水龍

一勺子曰、真龍憇息之所龍虎勢似分

飛向外水城却是屈曲向內若龍虎分

飛水城不抱定屬虛花山龍先以形勢

為重也

乙字水纏身穴前下砂收鎖六夭然當中

九曲來朝穴悠揚瀦蓄斗量錢兩畔朝歸

穴後歇定然龍在水中蟠若有聲為數錢

水催官上馬御階前

辛三角長

都天五

蔣氏曰、自此以下八節皆平洋水局形
體言凶之辨此節言曲水纏身之格歌
在穴後當前篇所謂龍空後正穴坐也數
錢水假借為義俗而工。
一勺子曰此種穴情最明白為福時凋
大為禍時亦不小。
妄坟最要看中陽寬抱明堂水聚裏出峽
結成元字樣朝來灣鳳舞呈祥外陽起眼

緫默記

人皆見乙字彎身主帶長更有內陽坐穴
洼神機出處覓仙方。
癬氏曰、此言堂氣形局之吳至杯內陽
坐穴法正前篇𢈪謂來龍正坐及城門
一卦之訣也。非神機仙術烏足語此
一勺子曰、內陽中陽外陽即天王內傳、
巫謂三陽也內陽坐穴即內交媾外陽
立向即外交媾四神齊合則𡠗兩媾水

牢王甫長都天五二

水忌直來射
穴大凶

向盡源流富貴永無休也

水直朝來最不祥一條直是一條鎗兩條
名為捕脇水三條云是三刑傷四水射來
為四殺八水名為八煞殃直來反去把刀
殺徒流客死少年凶時師只說下砂逆禍
來極遠追堪當塔州路街如此樣區宜遷
改免穴殃

蔣氏曰此節極言直來凶格盖水神最

思木必以其有秋氣無元氣也縱偶來

朝亦有損無益況諸路交馳漏風沖洩

乎旺元猶可衰運豈唯頻矣

一勺子曰此篇說吉凶形勢甚驗蓋

其淺近而忽之。

前水朝來又擺頭洩邪凶應不知養乾流

自是各繩索自鑑囚公訟可憂

蔣氏曰此曲水凶格水神雖以曲為吉

辛壬甫戊

都天五三

四水宜節節整正
齊列不犯攔頭
之凶

然曲處須節節整齊乃合星格若擺頭
斜去及如綿索樣或大或小或疎或密
或正或欹時似吉而凶縱然發福必有
破敗。
左邊水反長房死右邊水射小兒凶水直
若然當面射中子離鄉死道傍東西南北
水射腰房房橫死絕根茜貪淫男女風聲
惡曲背駝腰家寂寥

一勻乎曰凶以失元之水論若在得元

又當依法以斷其吉也東西南北水射

腰凶在射腰兩字若四圍團團水繞屋

於中有人食天祿矣

左邊水反長房死離鄉忤逆皆因此右邊

水反小兒傷風吹婦女隨人走當面水反

中切當斷定二房有損傷左右中反房房

絕切忌墳塋遭此刧

水反水射雖遇
天元福力亦減。

蔣氏曰、以上數節雖義淺而辭勦然其
應懸速以其切於用也故存之惟公位
之分不可盡拘耳。

一勾子曰、水反水射象凶雖遇天元福
力亦減。

一水裏頭名斷城下之雖談未為榮兒孫
久後房房絕水到砂收反主凶。

蔣氏曰平洋穴取近水三方皆可逼窄。

着眼　變吉

唯穴前須寬容下延展舒穴氣若一水

暴頭穴㸦餘氣雖環抱亦不發若面前

另一枝水到則又以接水呈秀其逼㝷

之氣有兩發減反不為凶

一勺予曰興絕之機須辨毛厘裹頸水

絕又有反主興之法此其精意大須會

心

茶槽之水实堪憂莫作蔭龍一例求穴前

辛壬菊長　　都天五五

著眼細看

池局軟硬立
穴緩急吉
凶不同

犬過割唇腳不見榮兮反見愁

蔣氏曰穴前池塘水聚天心名葢龍水
本為吉局若硬直深坑形似茶槽既非
佳格或明堂寬曠猶未見凶更加鑿
穴氣太偏則有凶無吉矣同一穴池水
形局軟硬立穴緩急其應不同不可不
深辨也

一勺子曰穴前大過割唇腳宜升高以

水劫

水龍以水為山

收其吉凶也若穴無憑腳名曰水劫凶

不可當

元武擺頭、有多般未可慳然執一端或斜

或側或正出須憑直前對堂安擺頭直出

是分龍須取何家龍脈詖穴山別脈分三

訣未許專將一路窮

蔣氏曰元武水來本合後空活龍之格

宜為正坐之穴矣然亦須相其來法以

卒三角裏 御天五六

細看

辨純雜之吉凶未可執一也蓋水有偏
出正出不同惟直節對堂安乃是真元
武水若擺頭曲來而又直出前去一曲
一直之間龍脈不一是謂分龍不必分
兩邊而後謂之分龍也須察其曲來是
何脈直去是何脈細細推詳而后可支
其何家踪跡以便下卦若是水大則不
止一宮之氣正坐是一脈偏左又是一

形雖凶用之
時吉則吉用
之時凶則凶要
知是平洋水法

平洋法

脉偏右又是一脉故云分三訣必論坐
後之脉精詳典當搜剔無遺乃至於此
可謂明察秋毫者耶
一勺子曰此節言形雖凶用之時吉則
吉用之時凶則凶木可執一以論之何
家龍脉脉諭訣葉語直示人眼用元机
蔣云深者極深此等是也
家家墳宅後高懸太陽不照太陰偏必主
斡天南戌一都天五七

其家多寂寞男孤女寡実堪憐

蔣氏曰此即埋後之義因世人都喜後

髙故復丁寧如此人但知後髙為有坐

托不知掩蔽陽光而偏照陰氣生机斬

絕人口伶仃故有孤寡之應也可不戒

與予觀人家究後有挑築兩三重照山

必補後托未有不大損人丁甚至敗絕

無後者利害攸關特為指出此節單言

平洋格法若是山龍之穴又以後高為

太陽正照而土壤後空為太陽失陷而凶

讀者莫錯會也

姜氏曰以上九節首節言山龍後八節

言平洋皆形局也

一勺子曰山水二龍性常相反山龍之

所喜者峽後有峰遠至左右有包抱面貌

有平窩所忌者元武空坦龍虎曠蕩明

辛三甫戋

郇天五六

山龍平洋。用法迥別。

平洋

堂板实而水龍顾喜者元武低薄且尚

腦後有水左右低下尤愛龍虎界割止

取面前層層髙起謂之送水歸塘若後

山髙起太陽不照矣左右墩埠房分偏

枯矣面前低下蔭氣不入矣俗術一例

推之失去何啻萬里

貪武輔弼巨門龍方可登山細認踪水去

山軰皆有地不離五吉在其中

蔣氏曰、此節及下文九星皆指形局而
言、盖見其星體合吉方、登山而定其方
位若形局方位皆吉即水去亦吉令人
動云第一莫下去水地譯矣。

一勹子自不離五吉是講理氣

破祿廉文凶惡龍世人壙宅莫相逢若然

誤作陰陽宅縱有奇逢到底凶

蔣氏曰此二節專言平洋九星水法

焞正甫義 〈都天五九〉

尹註在理氣元運上論極有把柄

龍法有顛倒用法

一勺子曰、玩纏有奇峰句。知破祿廉文。
亦是講理氣盖貪是生龍武巨是旺龍
輔弼是大卦之左輔右弼必知得是生
是旺然後登山認龍是何家血脉那家
兄弟錙論水來水去總皆有地破祿文
廉是死絕平田之龍世人墳宅俱不可
犯若扶四凶龍身誤作陰陽二宅縱是
形奇局秀亦到底凶也然龍法有顛倒

之秘余見四凶大發五吉大敗者尠矣

所以必待口傳

本山來龍立本向返吟伏吟禍難盡繪

離鄉蛇虎害作賊充軍上法場明得三星

五吉向輕禍為祥大吉昌

蔣氏曰本山龍立本向非子龍子向丑

龍丑向倒騎龍之謂也盡指本卦納甲

而言山龍有納甲本卦向法皆淨陰淨

御天六十

消詳龍體

有天然向法。自

卦氣之帖。自

山龍以納甲

為宗水龍名

返吟伏吟

陽其往乎平洋向法反不拘淨陰淨陽而

以本卦納甲于支位位作返吟伏吟凶

不可當三星與五吉不同三星言龍骸

五吉言卦氣消詳龍骸卦氣之帖即有

天然向法可不犯本宮而爻變為祥矣

一勺曰此山水性情相反即古仙秘訣五

行亦異山龍以納甲為宗水龍則各反。

吟伏吟即此一端推之水龍洪慶不同

用於山上山龍口訣不可用於水中曾

房已明白指示豈願今日堪輿家山龍

水龍各宗其傳各寶其妙可也余四秘

書中說山龍虛往往與水龍牴牾職此

之由夫蔣氏辨玉尺不遺餘力矣玉尺

乃最重者納甲也蔣云納甲又中應天

象納甲本是卦中元乎此註山龍有納

甲本卦向法皆淨陰淨陽等句誰謂蔣

有絕向無絕
龍見立向最
緊要宜得消
納法

氏不知玉尺者余故曰、深知玉尺者無
如蔣氏。
又曰、明得三星五吉向、轉禍為祥大吉
昌是伏吟反吟本山本向并破祿廉文
凶惡龍總皆可用人如輾移所謂天下
有絕向無絕龍不知者則直犯其凶禍
吧自蹈離鄉蛇虎害不能免也故下文
有龍真穴正誤立向之論

立向坐宮為穴中
迎神引氣之主
宰

龍真穴正誤立向陰陽差錯悔吝生幾為

奔走赴朝廷繞到朝廷帝怒形緣師不曉

龍何向向壇頭下了劉官星

蔣氏曰此言龍穴雖真所誤立本宮之

向陰陽不和至於剝官也蓋地理雖以

龍穴為重然與不發皆由龍穴而立向

坐宮又穴中迎神引氣之主宰此處不

清潔如玉之瑕不成美器美玉廣大而

莝正肯癸　　都天六

非起長生消
納法

盡精微又何可不詳審也即此所謂向
非以山向五行起長生為消納也亦非
小元空生出剋出生入剋入之說學者
慎之。

一勺子曰、最難得者龍真最難得者穴
正而最極難得者師明誤立向是師不
明之罪也余嘗謂真龍正穴處處皆有
但其力量大小有灰不同耳獨是師之

接脈乘氣最

宜留心

明者得之實难盖真正明師利不可動

勢不可奪其才其品大弱瞎聾輩萬千

金难買一笑歡非虛語也

姜氏曰以上四節皆言平洋理氣之用

夢龍過氣泰三節父母宗支要分別孟山

須要孟山連仲山須要仲山接干奇支偶

網推詳即眼空何脉良若晃陽差與陰

鎗縱吉星辰發不長一節吉龍一代發如

庠正甫長　　韵天吉

逢雜亂便參商。

蔣氏曰此等卦理中上二節論之已詳

反覆丁寧致其深切之意又指明發福

世代久暫之應全在龍脉節數長短故

父母宗支要分別也、

一勺子曰似此詳晰明白示人俗術之

不悟哀哉。

先識龍脉認祖宗蜂腰鶴膝是真踪要知

高説山法

山龍平洋兼說互說

吉地行龍止兩水相交陽一龍夫婦同行

踪路明須認劉郎別處豪平洋大水收小

水不用砂關發福又水口石似人物形之

出擘天調鼎曰

蔣氏曰此節兼論山龍平洋言山龍平真

脉則取蜂腰鶴膝為過峽而平洋則不

然只取兩水相交為來龍行脉不在過

峽上看也但須脉上推求識于支純雜

辛巳莆義　御天六...

夫婦配合之理如此宮不合又當別求

一宮不可牽強誤下故云劉郎別處尋

且山龍取砂為關而平洋不用砂關只

要大水行龍收入小水結究有此小水

引動龍神千流萬派其精液皆注歸小

水以蔭穴氣此平洋下穴秘旨一語道

破混沌之竅鑿矣觀此則知所謂兩水

相交乃謂左右兩水會穴前而龍後中

出謂之行龍也正謂大水與小水相交
之處乃真龍之行真穴之止也既有此
小水收盡源頭何用砂水之為我用與
吾豈砂之攔阻能強之者即人目不可
強而況于水若水口捍門此山龍大地
雄峙一方之勢盖將山比擬楊公秘慎
之言互文隱直雖若盖陳大宜偏重平
洋而以山龍相映發必辨其不同途爾

辛壬葍義　　卸天六五

貴學者言外會意若不知剖晰而視為

一合之說將雜亂而無緒矣。

一勺子曰、蜂腰鶴膝認山脈之真踪大

水收小水認水龍之真踪。

龍若直來不帶關支燕干出是禍山立得

高無羞誤催禍催官指曰間。

蔣氏曰此亦上下二篇所已詳盖以四

正為剖而其餘自在言外。非位位取地

支也。

一勺子目、剝官星節覓立向之誤此節

催官催祿見立向之無誤盖山水是天

生的立向是人為的真知者必不至誤

不知者那得不誤甚哉貴得明師也

乾坤艮巽脉過凹節節同行不混清向對

甲庚壬丙水兜孫列土更分幕仲山渦脉

不帶關三節山水同到前勸安三代出官

辛青衰一節天六六

於外收水氣。
接脈氣較重。
留心細看內。

辨正補註

貴古人準驗無虛言。

蔣氏曰此節單言四隅龍格反取干神。

並不言及辰戌丑未則其非專重地支。

可知盖脈是內氣而向對之水是外氣。

兩不相妨也楊公辨龍審卦之妙口口。

說重地支而本旨實非重地支世人被。

他瞞過多矣豈知一隻眼逗漏於此節。

學者其毋忽哉。

細看

一勾子目，內外氣其要總在立向一毫

以差內外二氣俱失矣。

發龍多向支神取若是干神又不同支若

載干為夫婦干若帶支是鬼龍子癸為吉

壬子凶三字真假在其中乾坤艮巽天然

穴水來當面是真龍要識真龍結真穴只

在龍脈兩三節三節不亂是真龍有穴定

然奇妙絕千金難買此元文福緣遇者毋

庠生蘭笈□□（都天六七）

輕洩依圖立向不差分榮華富貴無休歇

時師不明勉強拓雖發不久即敗絕

蔣氏曰、發龍多取支神此乃用支之邦
也。干、神不曰無取而乃曰不同明明有
用干之時而特與用支者不同且干帶
支為鬼龍只就子癸壬子一宮為例其
真其假三字之中迴然差別何以乾坤
艮巽獨名天然穴蓋直以乾坤艮癸為

龍不更轉等各相故曰天然若他龍則

干支卦位非一名水來當面是真龍此

語石破天驚覺當夜哭蓋乾坤艮巽之

穴又與取支點十者不同觀此則寶眼

之訣實非鄭重又神洞然明白笑至於

格龍之法止要兩三節不差錯則卦氣

巳全不必更求象於四五節之处恐人

拘泥太過遇着好龍當面錯過取以發

四正重支羅。

重干。

實重值運

之爻受氣宏

大。

辛工谷事

此非楊公遷就之說也但此兩三節定

要清純若到頭節數略有勉強不能無

誤又戒作者、須其難其慎也

一勺子曰、四正之卦重支四維之卦重

干非重干支业實重值運之爻受氣宏

大其水來富賀是真龍是以水為龍之

誤水神二三節曲折總是入卦龍脉真

矣再立向不差枋篇末特戒時師須明

此義其告誡來學之心切矣。

一個星辰一節龍龍來長短穵枯榮盂仲

季山無雜亂數產人龍上九重節數多時

富貴久一代風光一代龍

蔣氏曰此亦論平洋龍神節數以沙世

代都近之應總在行度之純雜上繳也

姜氏曰以上六節皆言平洋大五行之

法蓋中上二篇所也朋而互覆互見者

將正甫戔

却天六九

一勺子曰、篇終發明時代久遠指出龍
神純雜之義其心長其思遠楊公之名
既天壤斯道俎豆有必也夫。都天寶照下篇終。

也。

補撰青囊上篇交媾用法

一勺子曰、青囊天地定位。一六同宮等句。

與認天、王釋以三卦、分天地人為用是也。

而三卦之秘實後每卦之相聯相交處以

入。用俟古仙師口口重之語語注之却未

嘗明韋之書以顯示後人豈別書傳而訣

不傳與余補義附全義交媾二篇略略指

出。天地鬼神臨上質旁即洩秘寶其用法

韋王角義　附一

細義俱載心傳口訣卷內不敢剌傳。恐犯
造物忌。但河圖洛書之精義。先天後天
之理數終有不得而隱者也。盡秘訣原不
出文字外。惟在人默識潛通耳。夫每卦之
相聯處。即有一隂一陽相交之理寓焉。如
一白之數得天之生氣能提擕乾坤。則以
一白為陽交左輔之六數。隂交右弼之八
數。隂是曰陽交枕隂。在一白之後天為玖。

一白之先天實坤故一白屬令即以先天
之坤為主而左輔之六先天是艮後天是
乾右弼之八先天是震後天是艮故左輔
之艮男右弼之震男與坤女可配成先天
之男女而左輔之乾右弼之艮與坤後天
之坎又可配坤為後天之男女美如九紫
之數秉天之令則九紫為陽交左右四二
之陰數為姤合即以先天之乾為主盖四

之先天是少兒二之先天是長巽配乾成

先天之男女二之後天是老坤四之後天

是長巽九之後天是中離配乾為後天之

男女夫同一坤也或與艮交或與震交或

與乾交或與坎交随其天地生成之山川

而用之可也同一乾也或與坤交或與巽

交或與離交或與兌交亦随其天地生成

之山川而用之又無不可也故世有老父

辨正補義 一 〈附三〉

配少女少男遇老母俱有生息者以男配

女以女配男也若未解此中秘義竟有以

男合男以女配女者陽差陰錯職此之由

蓋變變化化自然之山川無愛而一家之

理數則有準矣經云、一六同宮二七同道。

三八為朋四九共處而一一可及八九可媾

二南北九大元厚之義尚未發明故此篇

補之。惟能知理數之真偽則收放之法明

収放之法明而後結局之大小可見矣又

三碧乘時三本陽氣左八右四即為陰煞

以先天之離為主而三離與四兌先天同

辟是女中女自然宜嫁長男與少女同功

而不與少女為配也況運行三碧四綠戀

之故三與八為朋而不與四為朋也又七

赤當令七為陽神二六即為陰煞以先天

之坎為主但七坎與六艮同體是男故三

七同道。雨不與六同道。六艮既配一坤。七

坎止配二巽。在水運七兌之後即進入六

乾亦以一之之理數駁無空之山川者也

此東西之不及南北厚薄之所由分耳。又

如二數得天二氣變陽七九之氣即變為

陰以先天之巽為主經云、二七共處故二

與七交而巽與九交巽既可配先天之坎

亦何不可配先天之乾以、女能交乎男也。

在後天卦。三位相聯為坤兑離三女相處。
似一家姙娌以其有先天之乾坎在位故。
也不然老姑貞媳何以為化育乎、如八運
天之震為主經云、三八為朋但八與三交
乘時八氣成陽三一之氣即變為陰以先
亦與一交長男可配先天之離亦可配先
天之坤也在後天卦三位相聯為艮震坎。
三男同域似兄弟友愛以其有先天之離

八卦九宮氣
數總以值元
運之卦為陽
凡不值元者
即變為陰煞

坤在位故也不然則孤兄鰥弟何以能坐
息乎世之講氣數者竊以一三七九為陽
豈知二四六八有變陽之日竊以二四大
八為陰豈知一三七九有變陰之時經無
明文故此篇發之又如六水當令六為陽
水一七之水即變為陰以六艮為主經云
一六同宮但六與一交而不與七交六艮
止配先天之坤而不能偶先天之坎也艮

辛壬甫義　附五

坎同骵是男。況七水秉令六水縊之有先

後無彼此也盖六水縊令七水不變陰矣

如四水當令四為陽水三九之水即為陰

以四兌為主經云四九其處故四與九交

而不與三交以四兌止可配先天之乾而

不能配先天之離且兌離同骵是女四水

當權三水縊之亦有先後無彼此也盖四

水秉權三水不變陰矣水運山運經無明

文故此篇發之凡此相摩相盪奇奇怪怪

山配水水配山陰陽相見變化無常真正

青囊上篇細義亦即周易河圖洛書先天

後天精理此篇條條吐出更將心原連彙

引伸吾道之大白於天下後世必美後來

者其熟思而精察必求之可也

余著四秘全書廿四種現刊行十二種

此板先已刻傳補刊此篇因記之

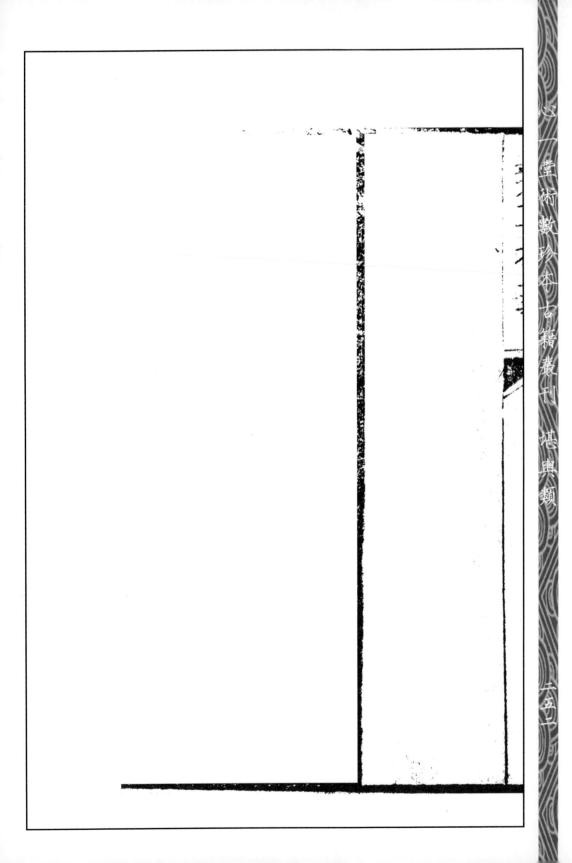

陰陽交媾直指

一勺子曰、天兊之下土膚之上成形顯象

一點靈光即天地交媾之㸑也眼前境界

頭頭是道既非元亦非妙天父地母天陽

地陰。三尺童子誰人不知百歲老翁若個

能曉名公地書則曰山陽水陰又曰山陰

水陽也又曰山之高峻陽山之低凹陰又

曰山之平坦陽山之凸起陰也又曰、水之

有光氣而明顯者陽水之無光氣而低暗
者陰也是皆言山水之喰陽也而非交媾
之大喩太陽也擧河圖洛書先天後天之
一六共宗二七同道三八為朋四九作友。
五十同途一生一成一夫一婦也天地之
位山澤通氣雷風相薄水火不相射一對
一待一来一往也又曰乾兑出自老陽坤
良成扵老陰震離化自少陰坎巽来扵少

着眼留心細意

看此段默而識之。

陽陰陽兩片也。是皆言卦數之陰陽而總

非真陰真陽雌雄交媾之大陰大陽也。

世間坊刻只說得這些。即余四秘書、亦

在此等慮發明下此乃直提挈出。

是大陰陽大交媾仍在眼前曰山水盡陰

質風雷總陽氣陰順有形陽氣無骸惟土膚

之際平鋪如掌以有形之陰質媾無形之

陽氣必我乘用之土能招攝此氣能包孕

辛未哨八

収得陽神定出
得陰煞淨此
段活盤托出

此氣能承載此氣能止息此氣不去不洩

至當恰好或順収或逆収或高受或低受

或前來或後來或左至或右至必汲得陽

神宮必出得陰煞淨大極量聚涵此龍

虎挹所以衛此朝案列聚止此左右界

水面前江河後蔭水龍聚以息此河洛先

後天地秘天寶聚以測此

解此則頭頭是道遍地盡成黃金陌矣

陽神來而不
去蓄而愈妙
方為收得定

此一點真陽之氣陰質內費幾許工夫矣
而後得此來而不去蓄而愈妙可春耕而
秋收可朝謀而夕效俗師日日為此却終
身不知此楊公日日看此却一言不指破
此今日明白說出看陽之訣包在元空大
卦看陰之訣仍要於諸名公書內會之
賤業職司看陰陽諸地理書總在看陰
處用工止說得一半尚遺一半未說起

此書發屋書
之機

是此一書發屋書之機。君知古往今來。諸

各公必戶祝家頌。賴此書之傳。而後天下

諸書可盡傳也。

三字青囊經

玄女氏著

豫章永寧尹有本一勺疏義

經首

一勺子曰、三字青囊實地理之權輿正而晰簡而明無義不備無法不該姑無論其所著是元女與否但邱公延翰作歌頌之楊曾亦以青囊名篇尊信自古

也然後世名師凡有著作莫能出其範
圍必盡得地理心傳始能於此卷字字
搜出真諦句句具見的解一勹不敢竊
幸窺見一斑其於全豹尚未敢遽
天德神數乃尊理順逆萬機神六甲運五
賦行法五子遁八門布雷使察金精御五
氣攝九靈鋤叛逆超神英
天德、乾元也乾之象曰大哉乾元萬物

資始乃統天坤之象曰、至哉坤元萬物

資生乃順承天坤厚載物德合無疆朱

子本義云乾元、天德之始者氣之始、朱

生者形之始德合無疆謂配乾也協紀

云、陽以自德為德陰以役陽之德為德

言天德而地德覆焉蓋地之德原以天

之德為德順承天地神者神明不測陽

之靈也氣至而滋息之謂不言鬼者陰

之靈也氣返而游散之謂為地理亦息

數即河圖洛書一三五七九二四六八

十相為表裡相為經緯橫斜曲直無所

不通參天兩地而倚數尊遵也亦恭敬

奉持之意順逆陰陽也剛柔也邵子曰

陽在陰中陽逆行陰在陽中陰逆行陽

在陽中陰在陰中則皆順行易曰立天

之道曰陰與陽立地之道曰柔與剛陰

陽以氣言剛柔以質言惟天之氣陽其
理順地之質陰其理逆理也者、觀變於
陰陽發揮於剛柔分陰分陽迭用柔剛
也夫陽剛天德之神自然當順陰柔地
祇之類自然宜柔有以自震至乾為順
自巽至坤為逆此立體之順逆而非隨
時之順逆也萬機者萬物之機緘也神
也者妙萬物而為言者也動萬物者莫

疾乎雷撓萬物者莫疾乎風燥萬物者
莫燥乎火說萬物者莫說乎澤潤萬物
者莫潤乎水終萬物始萬物者莫盛乎
良故水火相逮雷風不相悖山澤通氣
然後能變化既成萬物也本義云此章
去乾坤而言六子以見神之**所**為未詳
其義愚竊謂俯以察於地理未有如此
章之剴切詳明者**注萬机神**句請得以

耳目所共見心思所共知着解之焉夫
高山之下必有大澤過雷方起刻風隨
之誰不知風雷為天之氣山澤為地之
氣哉世人但一任其動之撓之鼓之止
之而不知天地燠以元陽之火潤
以真陽之水有相逺之機有不相懫之
機有通氣之機焉此机一透精義入神
神乎地矣六甲者子寅辰午申戌周而

復始之六甲也。運即時憲書、上中下三
元之運。五賦者、仁義禮智信、行首水火
木金土也。五子者、甲丙戊庚壬之五子。
法即五龍遁之之法也。八門謂乾坎艮
震巽離坤兌。遁謂順遁、逆遁、以迎合天
德也。雷使即帝出乎震之謂。本義云、天
之主宰也。布謂布滿乾坤、即八卦用一
卦之妙也。金精者、乾金之陽精。本義云

龍陽物也。察謂或躍在淵為水龍見龍在田。為岡龍飛龍在天為山龍其為潛龍則勿用。亢龍則有悔乾乾則與時偕行見羣龍則吉矣。五氣者、中五之地五氣環拱御謂治之也九靈即洛書見氣。攝謂取之也激逆氣之悖乎時者。其鋤而去之神英謂神明變化英才特出以應乎時者也。○首六句、見化工之妙後

君勾子註此極
精確業此道者
當奉為矩矱
而寶之。

六句見人工之巧。○天德二句即一元
氣數捏攝天地歷來地師說氣數祖此
順逆即顛倒也寶珠火坑祖此也六
甲二句歲紀八道祖此○五炁二句推
五運布八門祖此○布雷侠下卦祖此
寮金精看金龍祖此御五氣收砂
祖此攝九靈挨星祖此○鋤叛趕襯
歷代仙師收山出煞祖此

右理氣一章。

位生民賁宅靈竅卦氣配九星推三吉合

八門地毋變上化生長男震下逆行自然

氣吉凶定時感應如其神

俟即思不出其位素位而行之位謂生

民之定位在陰陽二宅易曰、上棟下宇

以待風雨蓋取諸大壯其卦、雷上於天。

二陰出四陽是出地之義蓋棟宇者、得

天之德也而天德之神在乎雷風故陽
宅以天氣為首易之以棺槨蓋取諸大
過其卦澤上風下二陰□四陽是入地
之義夫葬者藏風也而風行地上以澤
而止以水而聚故陰宅以風水益尊奠
安也定也謂安定一卦合一宮也靈謂
雷以動之風以散之雨以潤之日以烜
之艮以止之兌以說之乾以君之坤以

得三元。生旺運為
之受天德陽星貼

藏之。涵淹於八方之中。而精靈出也審

配推合變逆感應是古仙大作用總從

奠字位字生出言二宅之所以莫其位。

必審卦氣之凝合天德在先天居何方

在後天居何俟於河圖洛書得何數於

憲書三元合何運審之既真然後配以

北斗之九星貪巨祿文廉武破輔弼以

受天德者為陽即是陽用順排陰即翻

陽用順排，陰是起
陰用逆推，
不受天德者為偶不
是陽逆推僞不是
陰順排。

三字絲

陰用逆推，不受天德者，為陽不是陽反
逆推，陰不是陰反順排，以推明生氣之
三胡合看八門之五凶。如地、毋之卦。倘
逢不得天德之時變之。由上化生即為
逆中之變局長男之卦正得天德之時。
不變後下逆行。即為逆中之正局要皆
順其天行。自然之運地受即然之氣其
或吉或凶自有一定之數一定之理無

少游移者而感應之妙，前知於奠宅之
明，是吉凶之有定也，世人以如神許之
宜哉。陽宅受一卦氣，陰宅各受一卦
氣，生民之吉凶、禍福，即以二宅之卦氣
相摩相盪，位之奠之，密配推合，即地仙
心傳作用之祖。　地母二句，即一個排
来千百個之祖。　自然氣二句，是山水
生成之體不假人為，即地理取舍之祖

右理氣二章。

時感應二句、即斷驗之祖

方尖員動直行、崎嶇逶迤流澄渟四望歸八

方層行怪異秘內神背幽關迎陽明。

方土炎火員金動水直木也。此五字、俱

方土、炎火、員金、動水、直木也。此五字、俱

以形言。行者、言行龍具五行之星、崎嶇者、

山也。透迤則變態不一其象為民。象曰、

時止則止。時行則行。動靜不失其時、與

道光明可移你逶迤之觥流者水也澄
澄則瀦聚莫測其象為兌象曰、麗澤兌
象曰、剛中而柔外又為坎水洊至、習坎
象曰、水洊而不盈行險而不失其信合
二卦得澄淳之義四望嵊八方層者薰
山艮麗澤兌習水坎總歸一垣總成一
局也八方山水層叠而至矣怪異即神
奇之別名索隱行怪之說先為此道下

鍼砭矣。三字青囊秘內之神總徒怪異
得來故地理正義每令讀破萬卷之子。
莫能解道一字盖形理氣數四秘大率
非索之眇眇行之正正者可數數合而
不數數失也即如大易象儀仰觀俯
察之規解簡約理舉記誦詞章以博功名
者誰能深通其意以臻神明乎若宋儒
朱蔡是真知易義者何嘗不明地理淺

識陋儒誠為怪異此蕭亦以為怪異而

已究之背幽闔偏不索隱盖幽闢為陰

皴為鬼然仙師顛倒山水所必背之迎

陽明偏不伊怪盖陽明是天德是神明

仙師原用山水所必迎之俗儒見此道

之精深不解文義莫測意竟入門末由

強詞以怪異目之誠少所見多所怪耳

故此卷纏說怪異接恍以背幽闢迎陽

明負陰抱陽之義曉之其立言顯暢晰

理明密如此〇方尖員動直開形势之

祖，崎嶇遞迤看山脉之祖。派澄渟看

水龍之祖。四望三句取榕取嶔之祖。背幽

行怪異二句內秘五行之祖。背幽

關二句即地師收氣放氣之祖。

右星戀一章

祖崑崙源海門分枝派之龍形乘運氣俱

凸分煥五氣應五行推四序明德形尅相
治纔相生未言甲先言庚五化顯萬機靈
布大塊及黎民得生氣受福臻得死氣禍
替零知休咎象佽邊執權衡通神明
山祖崐崘在西北先天艮卦亦在西北
盖西北多峽水源星宿居東南先天兌
卦亦在東南盖東南多水夫崐崙星宿
是山水二龍之大祖大宗也然山分枝

乾艮山與坤土交錯水分源派兌澤與
坎水合流故枝幹而以定山壟岡阜之
龍形源派而以定潮汐江湖之龍形愚
嘗謂坎為月應潮汐兌為澤應江湖而
艮山高於坤土坤土大於艮山二者之
形勢錯列二運之氣數互分在山龍插
為存者水龍則指為凶在水龍號即凶
者山龍又各曰存倘候以山上之凶用

於水水上之存用於山則有禍無福其

分別尤為要緊即楊曾山上龍神不下

水水裡龍神不上山之意煩者先明發

現之謂應者對託有據之謂五氣乃山

水中之生氣旺氣死氣煞氣平氣也古

人升虛吵爐飛以陰陽必相流泉必觀

也五行乃天上之木火土金水也古人

望景揆巳分命義和职以平地成天也。

推四序、乃推春夏秋冬四時之序。是推

山水之四吉西凶以時憲三元爲主明

德刑乃明人世之服德服刑。是明陽明

天德叛逆誅鋤之刑剋相治剋字當作

死字。解楊賓生死、多作生剋本此相治、

剋治之也。如西金得生東木受剋南火

乘時北水退運之類繼相生。繼即承繼

繼序之繼如二繼一運五繼四序之類。

相生者、一退則二生也、巽之九五乃先

庚三日後庚三日蠱之象曰先甲三乃

後甲三日本義云先庚三日丁也所以

丁寧於未變之前後庚三日癸也所以

揆度於既變之後先先甲三日辛也後甲

三日丁也前事過中而將壞則可自新

以為後事之戒後事方始而尚新更當

致其丁寧以監前事之失此言未甲先

寅示人迎接陽明貴乎及時不得後時
恐退氣生災也五行之化氣顯然於天
地萬物之機關變化乎宇宙布大現及
黎民極言陽明幽關充塞天地萬姓萬
彙舉入陶冶之中得陽明之生氣則受
福璉得幽關之死氣則福替寒知生氣
之休知死氣之咎是在遵守八卦之象
合形合理合氣合數執其輕重銖兩權

衡則此藝通神樞其贊美以示珍重。

祖崑崙四句為後來地師講究形家之祖。

乘運氣八句講究天理氣數之祖。

未甲先庚三句即古仙抃造預植福基之祖。五化顯四句即古仙控制造化乎握乾坤之祖。得生氣四句葬乘生氣之祖。知休咎四句推測之祖。

右星巒二章。

三字青囊經終

達僧問答

卿後學尹有本一句註、

世脈傳本與此卷小同大異蓋後人真

測其旨以為亂之也此卷是慕師秘本。

卿先輩多存其真寮窯數則而水龍微

義大略都具頭陀一脉當賴此種若如

傳本何以為頭陀達僧耶。

劉達僧問曰、古言平洋不問踪。水繞是真

僧司答

論

精金粹玉之

陽交媾霧龍穴可定。

一問便得真竅。一咨、便具真義水交處。

砂必會也陰陽交媾在行得到時辨之。

若行程未到媾尚未交行程早到交為。

已過破浪之舟一喻是元空的解其大。

陰陽大交媾處原是不繫之舟於無可。

龍何地無水將不分砂與局乎司馬頭陀

谷曰水交砂會勢如破浪之舟行得到陰

隨時字宜着
便也
意損益坐向原
無定法要道隨
元軍之生昭與損
益之耳

捉摸處摸將出來太極無空所隨時而
便也。
問曰、既以水為主則東西南北之龍俱皆
可平答曰、水之流動變化亦如地氣之流
動變化隨時損益坐向無空法所謂有人
識得顛倒顛便是大羅仙。
以水為主者即以水為龍之義也顛倒、
即隨時損益妙用東西南北者方也流

動變化者、形也、坐向本無定法、自有主
之者是無定之法、實有一定不移之法。
者在也、以其有主之者究非空空一主
亦因其東西南北之添動變化、主之耳。
識得真變化便是真顛倒便是大羅仙、

又問、平原曠野離祖甚遠。又無踪跡可考。
彼云東來此云西至。何以立穴答四、一片
粗頑之地、初無手足。但將元空撥砂之首可

立穴○元氣運用秘義盡洩○

一片粗頑之地即所謂無踪跡無手
足可東可西者但將元空捉定一句萬卷
青囊千古心傳神仙手眼總括於此余
每登山涉水得龍最提拔穴最速者用
此道也其元氣運用包載辨正補義集
中其秘義後於五歌注古鏡歌義菁卷
盡洩之矣○

羅盤問答　　三

又問相地之法須問祖尋宗又須覓石骨
過江河若如是言則得穴後似不必問龍
矣答曰如有踪跡可考尋覓不難若溯萢
之中一片萢萢星辰生旺百福交集
此段以下是發明不問踪也平洋之龍
一片萢萢有踪跡可考圖是無踪跡可
考亦不拘星辰生旺者明河界割生水
環聚無一毫死煞之水無一坯死殺之

細會即所謂元空
挺定也以挺得生
旺佳也二句何知
生旺旺即元重即
是元空挺定

主死殺轟去生旺全來此生旺不是形
亦離不得形此死煞不是星亦正妙用
星即所謂元空捉定也百福交集以捉
得生旺佳也
又問恐有是穴而無其龍將如之何答曰、
龍祖也穴身也天下未有無祖父而生子
孫有結作則知有龍矣。
天下有有龍而無穴者矣未有有穴而

無龍者。夫龍之為物。變化極神。穴之為體。隱顯莫測。龍是天生。穴是地成。二氣交。會。中五。見。焉。祖宗父母。胎息孕育。俱現。成。在。活。潑。潑。地。特難為拘形泥迹者曉耳。

又問點好穴。而祖宗之貴賤不知。奈何。答曰、知乎孫貴顯。其祖宗自有福力。得金。得卦。乃為全局。

扞穴必宜得金
龍之動即得三般
卦起氣知真爻方謂
金局。

穴既好必要識祖宗之貴賤祖宗不貴
此其局尚須有待矣頭陀仙曰子孫貴
祖宗亦貴猶屬弟二層義也要知得金
得卦即知其祖宗也得金則祖宗貴也
得卦則祖宗尤貴也金者龍之動處卦
者三般卦之真爻下卦的矣得金而下
卦不的不可謂金局下卦的而不得金
龍之動亦不可謂金局

姜曾問答

五

司馬頭陀、楚之湘人也。劉達僧、初名特
三、亦字特仙、吉安府、安福十一都人也。
俱生宋末。劉既得司馬之精義、慕講以
師事劉。不以地為龍、而直以水為龍。今
之言平洋者、不知平洋之法、而乱以山
法論之、必要求關峽起伏問祖尋宗、而
美穴竟廢矣。拘泥有形之来龍者、不容
不愚讀劉公書也。而劉公之書、又非不

論来龍究情之有無而潦水乱下者未
得真訣元空之理烏可妣談近世華亭
蔣大鴻得幕師嫡傳實於此扁深獲精
意辨正書中發揮殆無剩義獨於此卷
未経注釋甞嘉慶丙寅三月於常熟張
息圍待御指六次少君鹿樵待讀舘我
枕拙宜書屋之北水舟舍其几牕明净
因補註此卷以與及門赤石子輩共相

堪輿問答卷 六

商訂焉。

問荅終。